TRANZLATY

La Langue est pour tout le Monde

言語はすべての人のためのもの

L'appel de la forêt

野生の呼び声

Jack London
ジャック・ロンドン

Français / 日本語

Dans le primitif
原始の世界へ

Buck ne lisait pas les journaux
バックは新聞を読まなかった。

S'il avait lu les journaux, il aurait su que des problèmes se préparaient.
もし彼が新聞を読んでいたら、問題が起こりつつあることを知っていただろう。

Il y avait des problèmes non seulement pour lui-même, mais pour tous les chiens de la marée.
問題は彼自身だけではなく、すべての海水犬に起こった。

Tout chien musclé et aux poils longs et chauds allait avoir des ennuis.
筋肉が強く、暖かくて長い毛を持つ犬は皆、困ったことになるだろう。

De Puget Bay à San Diego, aucun chien ne pouvait échapper à ce qui allait arriver.
ピュージェット湾からサンディエゴまで、どんな犬もこれから起こることを逃れることはできない。

Des hommes, tâtonnant dans l'obscurité de l'Arctique, avaient trouvé un métal jaune.
男たちは北極の暗闇の中を手探りで探し、黄色い金属を発見した。

Les compagnies de navigation et de transport étaient à la recherche de cette découverte.
蒸気船会社と運送会社がこの発見を追いかけていた。

Des milliers d'hommes se précipitaient vers le Nord.
何千人もの男たちが北の地へ押し寄せていた。

Ces hommes voulaient des chiens, et les chiens qu'ils voulaient étaient des chiens lourds.
この男たちは犬を欲しがっていたが、彼らが欲しかった犬は大型犬だった。

Chiens dotés de muscles puissants pour travailler.
労働に耐えられる強い筋肉を持つ犬。

Chiens avec des manteaux de fourrure pour les protéger du gel.

霜から身を守るために毛皮で覆われた犬。

Buck vivait dans une grande maison dans la vallée ensoleillée de Santa Clara.

バックは太陽が降り注ぐサンタクララバレーの大きな家に住んでいました。

La maison du juge Miller s'appelait ainsi.

ミラー判事の所、彼の家と呼ばれていました。

Sa maison se trouvait en retrait de la route, à moitié cachée parmi les arbres.

彼の家は道路から少し離れたところに建っていて、木々の間に半分隠れていた。

On pouvait apercevoir la large véranda qui courait autour de la maison.

家の周囲を巡る広いベランダを垣間見ることができました。

On accédait à la maison par des allées gravillonnées.

家へは砂利敷きの私道を通って行くことができました。

Les sentiers serpentaient à travers de vastes pelouses.

小道は広々とした芝生の間を曲がりくねって通っていた。

Au-dessus de nos têtes se trouvaient les branches entrelacées de grands peupliers.

頭上には背の高いポプラの枝が絡み合っていた。

À l'arrière de la maison, les choses étaient encore plus spacieuses.

家の裏側はさらに広々としていました。

Il y avait de grandes écuries, où une douzaine de palefreniers discutaient

大きな厩舎があり、そこでは12人の厩務員が雑談していた

Il y avait des rangées de maisons de serviteurs recouvertes de vigne

ブドウの木に覆われた使用人の小屋が並んでいた

Et il y avait une gamme infinie et ordonnée de toilettes extérieures

そして、そこには整然と並んだ屋外トイレが無数にありました

Longues tonnelles de vigne, pâturages verts, vergers et parcelles de baies.

長いブドウ棚、緑の牧草地、果樹園、ベリー畑。

Ensuite, il y avait l'usine de pompage du puits artésien.

それから自噴井戸用のポンプ場もありました。

Et il y avait le grand réservoir en ciment rempli d'eau.

そしてそこには水が満たされた大きなセメントタンクがありました。

C'est ici que les garçons du juge Miller ont fait leur plongeon matinal.

ここでミラー判事の息子たちが朝のひとときを過ごしました。

Et ils se sont rafraîchis là-bas aussi dans l'après-midi chaud.

そして暑い午後もそこで涼しく過ごしました。

Et sur ce grand domaine, Buck était celui qui régnait sur tout.

そして、この広大な領土のすべてを支配していたのはバックでした。

Buck est né sur cette terre et y a vécu toutes ses quatre années.

バックはこの土地で生まれ、4年間をここで暮らしました。

Il y avait bien d'autres chiens, mais ils n'avaient pas vraiment d'importance.

確かに他の犬もいたが、それらは本当に問題ではなかった。

D'autres chiens étaient attendus dans un endroit aussi vaste que celui-ci.

これほど広大な場所には、他の犬もいるはずだ。

Ces chiens allaient et venaient, ou vivaient à l'intérieur des chenils très fréquentés.

これらの犬たちは出入りしたり、忙しい犬舎の中で暮らしたりしていました。

Certains chiens vivaient cachés dans la maison, comme Toots et Ysabel.

トゥーツやイザベルのように、家の中に隠れて暮らす犬もいました。

Toots était un carlin japonais, Ysabel un chien nu mexicain.

トゥーツは日本のパグで、イザベルはメキシコの無毛犬でした。

Ces étranges créatures sortaient rarement de la maison.

これらの奇妙な生き物たちはめったに家の外に出ませんでした。

Ils n'ont pas touché le sol, ni respiré l'air libre à l'extérieur.

彼らは地面に触れることも、外の空気を嗅ぐこともしませんでした。

Il y avait aussi les fox-terriers, au moins une vingtaine.

フォックステリアも少なくとも20匹はいました。

Ces terriers aboyaient férocement sur Toots et Ysabel à l'intérieur.

このテリア犬たちは家の中でトゥーツとイザベルに向かって激しく吠えました。

Toots et Ysabel sont restés derrière les fenêtres, à l'abri du danger.

トゥーツとイザベルは窓の後ろに留まり、危害を受けないようにしました。

Ils étaient gardés par des domestiques munies de balais et de serpillères.

彼らはほうきとモップを持ったメイドたちによって守られていました。

Mais Buck n'était pas un chien de maison, et il n'était pas non plus un chien de chenil.

しかし、バックは家犬ではなかったし、犬小屋犬でもなかった。

L'ensemble de la propriété appartenait à Buck comme son royaume légitime.

その全財産はバックの正当な領土であった。

Buck nageait dans le réservoir ou partait à la chasse avec les fils du juge.

バックは水槽で泳いだり、判事の息子たちと一緒に狩りに出かけたりしました。

Il marchait avec Mollie et Alice tôt ou tard le soir.

彼は早朝や深夜にモリーとアリスと一緒に散歩した。

Lors des nuits froides, il s'allongeait devant le feu de la bibliothèque avec le juge.

寒い夜には、彼は判事とともに図書館の暖炉の前に横たわった。

Buck a promené les petits-fils du juge sur son dos robuste.

バックは力強い背中に乗って判事の孫たちを乗せて行きました。

Il roula dans l'herbe avec les garçons, les surveillant de près.

彼は少年たちと一緒に草むらで転がり、彼らをしっかりと見守った。

Ils s'aventurèrent jusqu'à la fontaine et même au-delà des champs de baies.

彼らは噴水まで足を延ばし、ベリー畑を通り過ぎました。

Parmi les fox terriers, Buck marchait toujours avec une fierté royale.

フォックステリアたちの間で、バックは常に王者の誇りを持って歩き回っていました。

Il ignora Toots et Ysabel, les traitant comme s'ils étaient de l'air.

彼はトゥーツとイザベルを無視し、彼らを空気のように扱いました。

Buck régnait sur toutes les créatures vivantes sur les terres du juge Miller.

バックはミラー判事の土地のすべての生き物を支配した。

Il régnait sur les animaux, les insectes, les oiseaux et même les humains.

彼は動物、昆虫、鳥、そして人間さえも支配しました。

Le père de Buck, Elmo, était un énorme et fidèle Saint-Bernard.

バックの父親エルモは、大きくて忠実なセントバーナード犬でした。

Elmo n'a jamais quitté le juge et l'a servi fidèlement.

エルモは裁判官の側を決して離れず、忠実に裁判官に仕えました。

Buck semblait prêt à suivre le noble exemple de son père.

バックは父親の高潔な例に従うつもりのようだった。

Buck n'était pas aussi gros, pesant cent quarante livres.

バックはそれほど大きくなく、体重は140ポンドでした。

Sa mère, Shep, était un excellent chien de berger écossais.

彼の母親のシェップは立派なスコッチ・シェパード・ドッグだった。

Mais même avec ce poids, Buck marchait avec une présence royale.

しかし、その体重であっても、バックは堂々とした存在感をもって歩いていた。

Cela venait de la bonne nourriture et du respect qu'il recevait toujours.

これはおいしい食事と彼がいつも受けてきた尊敬から生まれたものでした。

Pendant quatre ans, Buck a vécu comme un noble gâté.

バックは4年間、甘やかされた貴族のような暮らしをしていた。

Il était fier de lui, et même légèrement égoïste.

彼は自分に誇りを持っており、少々自己中心的でさえあった。

Ce genre de fierté était courant chez les seigneurs des régions reculées.

そのような誇りは、辺鄙な田舎の領主の間では一般的でした。

Mais Buck s'est sauvé de devenir un chien de maison choyé.

しかし、バックは甘やかされた飼い犬になることを免れた。

Il est resté mince et fort grâce à la chasse et à l'exercice.

彼は狩猟と運動を通じて引き締まった体型と強靭な体型を保っていた。

Il aimait profondément l'eau, comme les gens qui se baignent dans les lacs froids.

彼は、冷たい湖で水浴びをする人々のように、水を深く愛していました。

Cet amour pour l'eau a gardé Buck fort et en très bonne santé.

水に対するこの愛情のおかげで、バックは強く、非常に健康でした。

C'était le chien que Buck était devenu à l'automne 1897.

これは、1897 年の秋にバックが変身した犬です。

Lorsque la découverte du Klondike a attiré des hommes vers le Nord gelé.

クロンダイクの襲撃により、人々は凍てつく北の地へと引き寄せられた。

Des gens du monde entier se sont précipités vers ce pays froid.

人々は世界中から寒い土地へと押し寄せました。

Buck, cependant, ne lisait pas les journaux et ne comprenait pas les nouvelles.

しかし、バックは新聞を読まなかったし、ニュースも理解していなかった。

Il ne savait pas que Manuel était un homme désagréable à fréquenter.

彼はマヌエルが一緒にいて悪い男だとは知らなかった。

Manuel, qui aidait au jardin, avait un problème grave.

庭仕事を手伝っていたマヌエルは深刻な問題を抱えていた。

Manuel était accro aux jeux de loterie chinois.

マヌエルは中国の宝くじギャンブルに夢中だった。

Il croyait également fermement en un système fixe pour gagner.

彼はまた、勝利のための固定されたシステムを強く信じていた。

Cette croyance rendait son échec certain et inévitable.
その信念により、彼の失敗は確実かつ避けられないもの
となった。

Jouer un système exige de l'argent, ce qui manquait à
Manuel.
システムをプレイするにはお金が必要ですが、マヌエル
にはそれがありませんでした。

Son salaire suffisait à peine à subvenir aux besoins de sa
femme et de ses nombreux enfants.
彼の給料は妻と多くの子供たちを養うのにやっとのこと
でした。

La nuit où Manuel a trahi Buck, les choses étaient normales.
マヌエルがバックを裏切った夜、物事は普通だった。

Le juge était présent à une réunion de l'Association des
producteurs de raisins secs.
裁判官はレーズン栽培者協会の会合に出席していた。

Les fils du juge étaient alors occupés à former un club
d'athlétisme.
当時、判事の息子たちは運動クラブの設立に忙しかった
。

Personne n'a vu Manuel et Buck sortir par le verger.
マヌエルとバックが果樹園を通って去っていくのを見た
人は誰もいなかった。

Buck pensait que cette promenade n'était qu'une simple
promenade nocturne.
バックはこの散歩は単なる夜間の散歩だと思っていた。

Ils n'ont rencontré qu'un seul homme à la station du
drapeau, à College Park.
彼らはカレッジパークのフラッグステーションでたった
一人の男に出会った。

Cet homme a parlé à Manuel et ils ont échangé de l'argent.
その男はマヌエルに話しかけ、二人はお金を交換した。

« Emballez les marchandises avant de les livrer », a-t-il
suggéré.
「商品を配達する前に包んでください」と彼は提案した
。

La voix de l'homme était rauque et impatiente lorsqu'il parlait.

その男は話すとき、荒々しく、いらだたしい声だった。

Manuel a soigneusement attaché une corde épaisse autour du cou de Buck.

マヌエルはバックの首に太いロープを慎重に巻き付けた。

« Tournez la corde et vous l'étoufferez abondamment »

「ロープをねじれば、十分に絞められる」

L'étranger émit un grognement, montrant qu'il comprenait bien.

その見知らぬ男はうなり声をあげ、よく理解したことを示した。

Buck a accepté la corde avec calme et dignité tranquille ce jour-là.

その日、バックは落ち着いて静かに威厳をもってロープを受け取った。

C'était un acte inhabituel, mais Buck faisait confiance aux hommes qu'il connaissait.

それは珍しい行為だったが、バックは自分が知っている男たちを信頼していた。

Il croyait que leur sagesse allait bien au-delà de sa propre pensée.

彼らの知恵は彼自身の考えをはるかに超えていると彼は信じていた。

Mais ensuite la corde fut remise entre les mains de l'étranger.

しかし、その後、ロープは見知らぬ人の手に渡されました。

Buck émit un grognement sourd qui avertissait avec une menace silencieuse.

バックは静かな威嚇で警告する低い唸り声を上げた。

Il était fier et autoritaire, et voulait montrer son mécontentement.

彼は傲慢で命令口調で、不快感を示したかったのだ。

Buck pensait que son avertissement serait compris comme un ordre.

バックは彼の警告が命令として理解されるだろうと信じていた。

À sa grande surprise, la corde se resserra rapidement autour de son cou épais.

驚いたことに、ロープが彼の太い首に急にきつく締まりました。

Son air fut coupé et il commença à se battre dans une rage soudaine.

彼の呼吸は止められ、突然の激怒で彼は戦い始めた。

Il s'est jeté sur l'homme, qui a rapidement rencontré Buck en plein vol.

バックは男に向かって飛びかかったが、男はすぐに空中でバックと出会った。

L'homme attrapa Buck par la gorge et le fit habilement tourner dans les airs.

男はバックの喉を掴み、巧みに空中でひねり上げた。

Buck a été violemment projeté au sol, atterrissant à plat sur le dos.

バックは激しく投げ出され、背中から地面に倒れた。

La corde l'étranglait alors cruellement tandis qu'il donnait des coups de pied sauvages.

彼が激しく足を蹴る間、ロープは残酷に彼の首を締め付けた。

Sa langue tomba, sa poitrine se souleva, mais il ne reprit pas son souffle.

舌は出てきて、胸は上下に動いたが、呼吸はできなかった。

Il n'avait jamais été traité avec une telle violence de sa vie.

彼は生涯でこれほどの暴力を受けたことはなかった。

Il n'avait jamais été rempli d'une fureur aussi profonde auparavant.

彼はこれまでこれほど激しい怒りに駆られたことはなかった。

Mais le pouvoir de Buck s'est estompé et ses yeux sont devenus vitreux.

しかし、バックの力は弱まり、彼の目は生気を失った。

Il s'est évanoui juste au moment où un train s'arrêtait à proximité.

ちょうど近くで列車が止まったとき、彼は気を失った。

Les deux hommes le jetèrent alors rapidement dans le fourgon à bagages.

それから二人の男は彼を手早く荷物車に放り込んだ。

La chose suivante que Buck ressentit fut une douleur dans sa langue enflée.

次にバックが感じたのは腫れた舌の痛みだった。

Il se déplaçait dans un chariot tremblant, à peine conscient.

彼はぼんやりとした意識で、揺れるカートに乗って移動していた。

Le cri aigu d'un sifflet de train indiqua à Buck où il se trouvait.

鋭い汽笛の音がバックに自分の居場所を知らせた。

Il avait souvent roulé avec le juge et connaissait ce sentiment.

彼は判事と一緒に何度も乗馬したことがあり、その気持ちはよく分かっていた。

C'était le choc unique de voyager à nouveau dans un fourgon à bagages.

それは再び荷物車で旅行するという独特の衝撃でした。

Buck ouvrit les yeux et son regard brûla de rage.

バックは目を開けた。そして、その視線は怒りで燃えていた。

C'était la colère d'un roi fier déchu de son trône.

これは王位を奪われた傲慢な王の怒りだった。

Un homme a tenté de l'attraper, mais Buck a frappé en premier.

男は彼をつかもうとしたが、代わりにバックが先に攻撃した。

Il enfonça ses dents dans la main de l'homme et la serra fermement.

彼は男の手に歯を食い込ませ、しっかりと握りしめた。

Il ne l'a pas lâché jusqu'à ce qu'il s'évanouisse une deuxième fois.

彼は二度目に気を失うまで手を離さなかった。

« Ouais, il a des crises », murmura l'homme au bagagiste.

「ああ、発作を起こすんだ」男は荷物係にぶつぶつ言った。

Le bagagiste avait entendu la lutte et s'était approché.

荷物係は争っているのを聞きつけて近づいてきた。

« Je l'emmène à Frisco pour le patron », a expliqué l'homme.

「ボスのために彼をフリスコに連れて行くんだ」と男は説明した。

« Il y a un excellent vétérinaire qui dit pouvoir les guérir. »

「そこには、彼らを治せると言っている優秀な犬の医者がいます。」

Plus tard dans la soirée, l'homme a donné son propre récit complet.

その夜遅く、その男は自ら詳しく話した。

Il parlait depuis un hangar derrière un saloon sur les quais.

彼は港の酒場の裏の小屋から話した。

« Tout ce qu'on m'a donné, c'était cinquante dollars », se plaignit-il au vendeur du saloon.

「私に渡されたのはたった50ドルだけだった」と彼は酒場の主人に不満を漏らした。

« Je ne le referais pas, même pour mille dollars en espèces. »

「たとえ1000ドルの現金をもらっても、二度とそんなことはしません。」

Sa main droite était étroitement enveloppée dans un tissu ensanglanté.

彼の右手は血まみれの布でしっかりと巻かれていた。

Son pantalon était déchiré du genou au pied.

彼のズボンの脚は膝から足まで大きく引き裂かれていた。

« Combien a été payé l'autre idiot ? » demanda le vendeur du saloon.

「もう一人の馬鹿はいくらもらったんだ？」酒場の主人が尋ねた。

« Cent », répondit l'homme, « il n'accepterait pas un centime de moins. »

「100ドルです」と男は答えた。「それ以下では一銭も受け取りません」

« Cela fait cent cinquante », dit le vendeur du saloon.

「合計150になります」と酒場の主人は言った。

« Et il vaut tout ça, sinon je ne suis pas meilleur qu'un imbécile. »

「そして彼はその全てに値する。そうでなければ私はただの愚か者だ。」

L'homme ouvrit les emballages pour examiner sa main.

男は自分の手を調べるために包みを開けた。

La main était gravement déchirée et couverte de sang séché.

その手はひどく裂けており、乾いた血で固まっていた。

« Si je n'ai pas l' hydrophobie… » commença-t-il à dire.

「恐水症にならなければ…」と彼は言い始めた。

« Ce sera parce que tu es né pour être pendu », dit-il en riant.

「それはあなたがぶら下がるために生まれてきたからでしょう」と笑い声が聞こえた。

« Viens m'aider avant de partir », lui a-t-on demandé.

「出発する前に手伝ってくれないか」と彼は頼まれた。

Buck était dans un état second à cause de la douleur dans sa langue et sa gorge.

バックは舌と喉の痛みでぼうっとしていた。

Il était à moitié étranglé et pouvait à peine se tenir debout.

彼は半分絞め殺され、ほとんどまっすぐに立つこともできなかった。

Pourtant, Buck essayait de faire face aux hommes qui l'avaient blessé ainsi.

それでも、バックは自分をここまで傷つけた男たちと向き合おうとした。

Mais ils le jetèrent à terre et l'étranglèrent une fois de plus.

しかし彼らは再び彼を投げ倒し、首を絞めました。

Ce n'est qu'à ce moment-là qu'ils ont pu scier son lourd collier de laiton.

そうして初めて、彼らは彼の重い真鍮の首輪を切り落とすことができた。

Ils ont retiré la corde et l'ont poussé dans une caisse.

彼らはロープを外して彼を木箱に押し込んだ。

La caisse était petite et avait la forme d'une cage en fer brut.

その木箱は小さくて、粗雑な鉄の檻のような形をしていた。

Buck resta allongé là toute la nuit, rempli de colère et d'orgueil blessé.

バックは怒りと傷ついたプライドに満たされ、一晩中そこに横たわっていた。

Il ne pouvait pas commencer à comprendre ce qui lui arrivait.

彼は自分に何が起こっているのか全く理解できなかった。

Pourquoi ces hommes étranges le gardaient-ils dans cette petite caisse ?

なぜこの見知らぬ男たちは彼をこの小さな木箱の中に閉じ込めていたのでしょうか?

Que voulaient-ils de lui et pourquoi cette cruelle captivité ?

彼らは彼に何を望んでいたのか、そしてなぜこのような残酷な監禁をしていたのか?

Il ressentait une pression sombre, un sentiment de catastrophe qui se rapprochait.

彼は暗いプレッシャーを感じ、災難が近づいていると感じた。

C'était une peur vague, mais elle pesait lourdement sur son esprit.

それは漠然とした恐怖だったが、彼の心に重くのしかかった。

Il a sursauté à plusieurs reprises lorsque la porte du hangar a claqué.

小屋のドアがガタガタと音を立てると、彼は何度か飛び上がった。

Il s'attendait à ce que le juge ou les garçons apparaissent et le sauvent.

彼は裁判官か少年たちが現れて彼を救ってくれることを期待していた。

Mais à chaque fois, seul le gros visage du tenancier de bar apparaissait à l'intérieur.

しかし、そのたびに中を覗くのは酒場主人の太った顔だけだった。

Le visage de l'homme était éclairé par la faible lueur d'une bougie de suif.

男の顔は獣脂ろうそくのぼんやりとした光で照らされていた。

À chaque fois, l'aboiement joyeux de Buck se transformait en un grognement bas et colérique.

そのたびに、バックの喜びに満ちた吠え声は、低く怒った唸り声に変わった。

Le tenancier du saloon l'a laissé seul pour la nuit dans la caisse

酒場の主人は彼を一晩中箱の中に残していった

Mais quand il se réveilla le matin, d'autres hommes arrivèrent.

しかし、朝目覚めると、さらに多くの男たちがやって来ていた。

Quatre hommes sont venus et ont ramassé la caisse avec précaution, sans un mot.

4人の男がやって来て、何も言わずにそっと木箱を持ち上げました。

Buck comprit immédiatement dans quelle situation il se trouvait.

バックはすぐに自分が置かれた状況を悟った。

Ils étaient d'autres bourreaux qu'il devait combattre et craindre.

彼らは彼が戦って恐れなければならなかったさらなる拷問者でした。

Ces hommes avaient l'air méchants, en haillons et très mal soignés.

これらの男たちは邪悪で、ぼろぼろの服を着ており、身だしなみもひどく悪そうに見えました。

Buck grogna et se jeta férocement sur eux à travers les barreaux.

バックは唸り声をあげ、格子越しに激しく彼らに突進した。

Ils se sont contentés de rire et de le frapper avec de longs bâtons en bois.

彼らはただ笑って、長い木の棒で彼を突いた。

Buck a mordu les bâtons, puis s'est rendu compte que c'était ce qu'ils aimaient.

バックは棒を噛み、それが彼らが好きなものだと気づきました。

Il s'allongea donc tranquillement, maussade et brûlant d'une rage silencieuse.

そこで彼は静かに横たわり、不機嫌になり、静かな怒りに燃えていた。

Ils ont soulevé la caisse dans un chariot et sont partis avec lui.

彼らは木箱を荷馬車に積み込み、彼を連れて走り去った。

La caisse, avec Buck enfermé à l'intérieur, changeait souvent de mains.

バックが中に閉じ込められていた木箱は、頻繁に所有者が変わった。

Les employés du bureau express ont pris les choses en main et l'ont traité brièvement.

急行便の事務員が担当し、簡単に対応してくれました。

Puis un autre chariot transporta Buck à travers la ville bruyante.

それから別の荷馬車がバックを騒がしい町の向こうへ運んだ。

Un camion l'a emmené avec des cartons et des colis sur un ferry.

トラックが彼を箱や小包とともにフェリー船に乗せた。

Après la traversée, le camion l'a déchargé dans un dépôt ferroviaire.

国境を越えた後、トラックは彼を鉄道駅で降ろした。

Finalement, Buck fut placé dans une voiture express en attente.

ついに、バックは待機していた急行車両に乗せられました。

Pendant deux jours et deux nuits, les trains ont emporté la voiture express.

二日二晩にわたって、列車が急行車両を牽引しました。

Buck n'a ni mangé ni bu pendant tout le douloureux voyage.

バックは苦しい旅の間中、食べることも飲むこともしなかった。

Lorsque les messagers express ont essayé de l'approcher, il a grogné.

急使たちが彼に近づこうとしたとき、彼はうなり声をあげた。

Ils ont réagi en se moquant de lui et en le taquinant cruellement.

彼らは彼を嘲笑し、残酷にからかって応じた。

Buck se jeta sur les barreaux, écumant et tremblant

バックは泡を吹きながら震えながら鉄格子に飛びついた。

ils ont ri bruyamment et l'ont raillé comme des brutes de cour d'école.

彼らは大声で笑い、まるで学校のいじめっ子のように彼をからかった。

Ils aboyaient comme de faux chiens et battaient des bras.

彼らは偽の犬のように吠え、腕をバタバタさせました。

Ils ont même chanté comme des coqs juste pour le contrarier davantage.

彼らは彼をさらに怒らせるために、雄鶏のように鳴きさえしました。

C'était un comportement stupide, et Buck savait que c'était ridicule.

それは愚かな行為であり、バックはそれが馬鹿げている
ことを知っていた。

Mais cela n'a fait qu'approfondir son sentiment
d'indignation et de honte.

しかし、それによって彼の怒りと恥の意識は深まるばか
りだった。

Il n'a pas été trop dérangé par la faim pendant le voyage.

彼は旅行中、空腹にあまり悩まされることはなかった。

Mais la soif provoquait une douleur aiguë et une souffrance
insupportable.

しかし、渇きは激しい痛みと耐え難い苦しみをもたらし
ました。

Sa gorge sèche et enflammée et sa langue brûlaient de
chaleur.

彼の乾燥して炎症を起こした喉と舌は熱く燃えるように
痛んだ。

Cette douleur alimentait la fièvre qui montait dans son corps
fier.

この痛みは彼の誇り高き体の中で高まる熱を増大させた
。

Buck était reconnaissant pour une seule chose au cours de ce
procès.

バックはこの裁判中、ただ一つのことに感謝していた。

La corde avait été retirée de son cou épais.

彼の太い首に巻かれていたロープは外されていた。

La corde avait donné à ces hommes un avantage injuste et
cruel.

ロープは彼らに不公平かつ残酷な優位性を与えていた。

Maintenant, la corde avait disparu et Buck jura qu'elle ne
reviendrait jamais.

今やロープは消え去っており、バックはそれが二度と戻
らないと誓った。

Il a décidé qu'aucune corde ne passerait plus jamais autour
de son cou.

彼は二度と自分の首にロープを巻かないことを決意した
。

Pendant deux longs jours et deux longues nuits, il souffrit sans nourriture.

彼は二日間と二晩、食べ物もなく苦しみ続けた。

Et pendant ces heures, il a développé une énorme rage en lui.

そして、その数時間の間に、彼は心の中に大きな怒りを蓄積していった。

Ses yeux sont devenus injectés de sang et sauvages à cause d'une colère constante.

彼の目は絶え間ない怒りのせいで充血し狂ったようになっていた。

Il n'était plus Buck, mais un démon aux mâchoires claquantes.

彼はもうバックではなく、パクパクと顎を鳴らす悪魔だった。

Même le juge n'aurait pas reconnu cette créature folle.

裁判官でさえこの狂った生き物を知らなかっただろう。

Les messagers express ont soupiré de soulagement lorsqu'ils ont atteint Seattle

速達の使者たちはシアトルに到着すると安堵のため息をついた。

Quatre hommes ont soulevé la caisse et l'ont amenée dans une cour arrière.

4人の男が木箱を持ち上げて裏庭に運んだ。

La cour était petite, entourée de murs hauts et solides.

庭は狭く、高くて頑丈な壁に囲まれていました。

Un grand homme sortit, vêtu d'un pull rouge affaissé.

だぶだぶの赤いセーターシャツを着た大男が出てきた。

Il a signé le carnet de livraison d'une écriture épaisse et audacieuse.

彼は配達記録簿に太くて力強い手書きで署名した。

Buck sentit immédiatement que cet homme était son prochain bourreau.

バックはすぐにこの男が自分を苦しめる次の相手だと察した。

Il se jeta violemment sur les barreaux, les yeux rouges de fureur.

彼は怒りで目を真っ赤にして、鉄格子に向かって激しく突進した。

L'homme sourit simplement sombrement et alla chercher une hachette.

男は暗い笑みを浮かべると、斧を取りに行きました。

Il portait également une massue dans sa main droite épaisse et forte.

彼はまた、分厚く力強い右手に棍棒を持っていた。

« Tu vas le sortir maintenant ? » demanda le chauffeur, inquiet.

「今から彼を連れ出すつもりですか？」運転手は心配そうに尋ねた。

« Bien sûr », dit l'homme en enfonçant la hachette dans la caisse comme levier.

「もちろんだ」男は梃子代わりに斧を木箱に押し込みながら言った。

Les quatre hommes se dispersèrent instantanément et sautèrent sur le mur de la cour.

4人の男たちはすぐに散り散りになり、庭の壁の上に飛び上がった。

Depuis leurs endroits sûrs, ils attendaient d'assister au spectacle.

彼らは上の安全な場所から、その光景を眺めるのを待っていた。

Buck se jeta sur le bois éclaté, le mordant et le secouant violemment.

バックは砕けた木に突進し、激しく噛みつきながら震えていた。

Chaque fois que la hachette touchait la cage, Buck était là pour l'attaquer.

斧が檻に当たるたびに、バックがそこにいて攻撃した。

Il grogna et claqua des dents avec une rage folle, impatient d'être libéré.

彼は解放されることを切望し、激しい怒りで唸り声をあげ、噛みついた。

L'homme dehors était calme et stable, concentré sur sa tâche.
外の男は落ち着いていて落ち着いており、自分の仕事に集中していた。

« Bon, alors, espèce de diable aux yeux rouges », dit-il lorsque le trou fut grand.
「そうだな、この赤い目の悪魔」穴が大きくなったとき、彼はそう言った。

Il laissa tomber la hachette et prit le gourdin dans sa main droite.
彼は斧を落とし、右手に棍棒を取った。

Buck ressemblait vraiment à un diable ; les yeux injectés de sang et flamboyants.
バックは本当に悪魔のように見えました。目は充血して燃えていました。

Son pelage se hérissait, de la mousse s'échappait de sa bouche, ses yeux brillaient.
彼のコートは逆立ち、口からは泡が吹き、目はきらきらと輝いていた。

Il rassembla ses muscles et se jeta directement sur le pull rouge.
彼は筋肉を収縮させ、真っ直ぐに赤いセーターに向かって飛びかかった。

Cent quarante livres de fureur s'abattèrent sur l'homme calme.
140ポンドの怒りが冷静な男に向かって飛び散った。

Juste avant que ses mâchoires ne se referment, un coup terrible le frappa.
顎が閉じる直前、恐ろしい一撃が彼を襲った。

Ses dents claquèrent l'une contre l'autre, rien d'autre que l'air
彼の歯は空気だけでカチカチと音を立てた

une secousse de douleur résonna dans son corps
激しい痛みが彼の体中に響き渡った

Il a fait un saut périlleux en plein vol et s'est écrasé sur le dos et sur le côté.

彼は空中で回転し、背中と横から地面に倒れ込んだ。

Il n'avait jamais ressenti auparavant le coup d'un gourdin et ne pouvait pas le saisir.

彼はこれまで棍棒の打撃を感じたことがなく、それを理解することができなかった。

Avec un grognement strident, mi-aboiement, mi-cri, il bondit à nouveau.

叫び声のような、吠え声のようなうなり声とともに、彼は再び飛び上がった。

Un autre coup brutal le frappa et le projeta au sol.

もう一度の残忍な一撃が彼を襲い、地面に叩きつけられた。

Cette fois, Buck comprit : c'était la lourde massue de l'homme.

今度はバックは理解した——それは男の重い棍棒だったのだ。

Mais la rage l'aveuglait, et il n'avait aucune idée de retraite.

しかし、怒りのあまり彼は目が見えなくなり、撤退する考えもなかった。

Douze fois il s'est lancé et douze fois il est tombé.

彼は12回飛び上がり、12回落ちた。

Le gourdin en bois le frappait à chaque fois avec une force impitoyable et écrasante.

そのたびに、木の棍棒は容赦なく、圧倒的な力で彼を打ち砕いた。

Après un coup violent, il se releva en titubant, étourdi et lent.

激しい一撃を受けた後、彼は茫然としてよろめきながらゆっくりと立ち上がった。

Du sang coulait de sa bouche, de son nez et même de ses oreilles.

彼の口、鼻、さらには耳からも血が流れ出た。

Son pelage autrefois magnifique était maculé de mousse sanglante.

かつて美しかった彼の毛皮は血の泡で汚れていた。

Alors l'homme s'est avancé et a donné un coup violent au nez.

すると男が近づき、鼻にひどい一撃を加えた。

L'agonie était plus vive que tout ce que Buck avait jamais ressenti.

その苦痛はバックがこれまで感じたことのなかったものよりも激しいものだった。

Avec un rugissement plus bête que chien, il bondit à nouveau pour attaquer.

彼は犬というより獣のような咆哮をあげ、再び飛びかかって攻撃した。

Mais l'homme attrapa sa mâchoire inférieure et la tourna vers l'arrière.

しかし、男は彼の下顎を掴み、後ろにひねった。

Buck fit un saut périlleux et s'écrasa à nouveau violemment.

バックはひっくり返って、再び激しく地面に落ちた。

Une dernière fois, Buck se précipita sur lui, maintenant à peine capable de se tenir debout.

バックは最後にもう一度、かろうじて立つことができた状態で彼に突進した。

L'homme a frappé avec un timing expert, délivrant le coup final.

男は熟練したタイミングで攻撃し、とどめを刺した。

Buck s'est effondré, inconscient et immobile.

バックは意識を失い、動かずに倒れてしまいました。

« Il n'est pas mauvais pour dresser les chiens, c'est ce que je dis », a crié un homme.

「彼は犬の調教が下手なわけではない、それが私の意見だ」と男は叫んだ。

« Druther peut briser la volonté d'un chien n'importe quel jour de la semaine. »

「ドゥルーザーはいつでも猟犬の意志を折ることができる。」

« Et deux fois un dimanche ! » a ajouté le chauffeur.

「しかも日曜日には２回も！」と運転手は付け加えた。

Il monta dans le chariot et fit claquer les rênes pour partir.
彼は荷馬車に乗り込み、手綱を鳴らして出発した。

Buck a lentement repris le contrôle de sa conscience
バックはゆっくりと意識を取り戻した

mais son corps était encore trop faible et brisé pour bouger.
しかし、彼の体はまだ動くには弱りきっていて壊れていました。

Il resta allongé là où il était tombé, regardant l'homme au pull rouge.
彼は倒れた場所に横たわり、赤いセーターを着た男を見つめていた。

« Il répond au nom de Buck », dit l'homme en lisant à haute voix.
「彼はバックという名で呼ばれています」男は声を出して読みながら言った。

Il a cité la note envoyée avec la caisse de Buck et les détails.
彼はバックの木箱と一緒に送られたメモから詳細を引用した。

« Eh bien, Buck, mon garçon », continua l'homme d'un ton amical,
「そうだな、バック、坊や」男は友好的な口調で続けた。

« Nous avons eu notre petite dispute, et maintenant c'est fini entre nous. »
「ちょっとした喧嘩をしたけど、もう私たちの関係は終わった。」

« Tu as appris à connaître ta place, et j'ai appris à connaître la mienne », a-t-il ajouté.
「君は自分の立場を学んだし、私も自分の立場を学んだ」と彼は付け加えた。

« Sois sage, tout ira bien et la vie sera agréable. »
「善良であれ。そうすればすべてはうまくいき、人生は楽しいものとなる。」

« Mais sois méchant, et je te botterai les fesses, compris ? »
「でも、悪いことをしたら、ぶん殴ってやるからな、分かったか？」

Tandis qu'il parlait, il tendit la main et tapota la tête douloureuse de Buck.

そう言いながら、彼は手を伸ばしてバックの痛む頭を軽くたたいた。

Les cheveux de Buck se dressèrent au contact de l'homme, mais il ne résista pas.

男に触れられてバックの髪は逆立ったが、彼は抵抗しなかった。

L'homme lui apporta de l'eau, que Buck but à grandes gorgées.

男は彼に水を持って来たので、バックはそれを一気に飲んだ。

Puis vint la viande crue, que Buck dévora morceau par morceau.

それから生の肉が運ばれてきて、バックはそれを一口ずつ食べ尽くした。

Il savait qu'il était battu, mais il savait aussi qu'il n'était pas brisé.

彼は自分が負けたことを知っていたが、まだ壊れていないことも知っていた。

Il n'avait aucune chance contre un homme armé d'une matraque.

棍棒で武装した男に彼に勝ち目はなかった。

Il avait appris la vérité et il n'a jamais oublié cette leçon.

彼は真実を学び、その教訓を決して忘れなかった。

Cette arme était le début de la loi dans le nouveau monde de Buck.

その武器はバックの新しい世界における法の始まりでした。

C'était le début d'un ordre dur et primitif qu'il ne pouvait nier.

それは彼が否定することのできない、過酷で原始的な秩序の始まりだった。

Il accepta la vérité ; ses instincts sauvages étaient désormais éveillés.

彼は真実を受け入れた。彼の野生の本能が目覚めたのだ
。

Le monde était devenu plus dur, mais Buck l'a affronté avec
courage.
世界はより厳しくなっていたが、バックは勇敢にそれに
立ち向かった。

Il a affronté la vie avec une prudence, une ruse et une force
tranquille nouvelles.
彼は新たな注意深さ、狡猾さ、そして静かな強さで人生
に立ち向かった。

D'autres chiens sont arrivés, attachés dans des cordes ou des
caisses comme Buck l'avait été.
バックと同じように、ロープや箱に縛られた犬がさらに
たくさんやって来ました。

Certains chiens sont venus calmement, d'autres ont fait rage
et se sont battus comme des bêtes sauvages.
落ち着いてやってくる犬もいれば、野獣のように激怒し
て戦う犬もいました。

Ils furent tous soumis au règne de l'homme au pull rouge.
彼ら全員は赤いセーターを着た男の支配下に置かれまし
た。

À chaque fois, Buck regardait et voyait la même leçon se
dérouler.
そのたびに、バックは同じ教訓が展開されるのを観察し
ました。

L'homme avec la massue était la loi, un maître à obéir.
棍棒を持った男は法律であり、従うべき主人だった。

Il n'avait pas besoin d'être aimé, mais il fallait qu'on lui
obéisse.
彼は好かれる必要はなかったが、従われる必要はあった
。

Buck ne s'est jamais montré flatteur ni n'a remué la queue
comme le faisaient les chiens plus faibles.
バックは、弱い犬たちのように媚びへつらったり尻尾を
振ったりすることは決してなかった。

Il a vu des chiens qui avaient été battus et qui continuaient à lécher la main de l'homme.

彼は、殴られてもなお男の手を舐め続ける犬たちを見た。

Il a vu un chien qui refusait d'obéir ou de se soumettre du tout.

彼は、まったく従わない、服従しない犬を一匹見かけました。

Ce chien s'est battu jusqu'à ce qu'il soit tué dans la bataille pour le contrôle.

その犬は支配権をめぐる戦いで殺されるまで戦い続けた。

Des étrangers venaient parfois voir l'homme au pull rouge.

時々、見知らぬ人が赤いセーターを着た男に会いに来ることもあった。

Ils parlaient sur un ton étrange, suppliant, marchandant et riant.

彼らは奇妙な口調で話し、懇願したり、交渉したり、笑ったりした。

Lors de l'échange d'argent, ils partaient avec un ou plusieurs chiens.

お金を交換すると、彼らは一匹以上の犬を連れて帰りました。

Buck se demandait où étaient passés ces chiens, car aucun n'était jamais revenu.

バックはこれらの犬たちがどこへ行ったのか不思議に思った。一匹も戻ってこなかったからだ。

la peur de l'inconnu envahissait Buck chaque fois qu'un homme étrange venait

見知らぬ男が来るたびに、バックは未知への恐怖に襲われた。

il était content à chaque fois qu'un autre chien était pris, plutôt que lui-même.

彼は、自分ではなく他の犬が連れて行かれるたびに嬉しかった。

Mais finalement, le tour de Buck arriva avec l'arrivée d'un homme étrange.

しかし、ついに、奇妙な男の出現により、バックの番が来た。

Il était petit, nerveux, parlait un anglais approximatif et jurait.

彼は小柄で、筋肉質で、片言の英語と汚い言葉で話した。

« Sacré-Dam ! » hurla-t-il en posant les yeux sur le corps de Buck.

「神聖だ！」彼はバックの体格を見て叫んだ。

« C'est un sacré chien tyrannique ! Hein ? Combien ? » demanda-t-il à voix haute.

「あれは本当にいじめっ子だ！え？いくらだ？」と彼は大声で尋ねた。

« Trois cents, et c'est un cadeau à ce prix-là. »

「300ドルで彼はプレゼントだ」

« Puisque c'est de l'argent du gouvernement, tu ne devrais pas te plaindre, Perrault. »

「政府のお金なんだから文句を言うべきじゃないよ、ペロー」

Perrault sourit à l'idée de l'accord qu'il venait de conclure avec cet homme.

ペローはその男と交わしたばかりの取引にニヤリと笑った。

Le prix des chiens a grimpé en flèche en raison de la demande soudaine.

突然の需要により犬の値段が高騰した。

Trois cents dollars, ce n'était pas injuste pour une si belle bête.

こんなに素晴らしい獣に対して、300ドルは不当ではない。

Le gouvernement canadien ne perdrait rien dans cet accord

カナダ政府はこの取引で何も失うことはない

Leurs dépêches officielles ne seraient pas non plus retardées en transit.

また、公式の派遣が輸送中に遅れることもありません。

Perrault connaissait bien les chiens et pouvait voir que Buck était quelque chose de rare.

ペローは犬をよく知っていたので、バックが珍しい犬だと分かっていた。

« Un sur dix dix mille », pensa-t-il en étudiant la silhouette de Buck.

「一万分の一だ」と彼はバックの体格を研究しながら思った。

Buck a vu l'argent changer de mains, mais n'a montré aucune surprise.

バックはお金が手渡されるのを見たが、驚いた様子はなかった。

Bientôt, lui et Curly, un gentil Terre-Neuve, furent emmenés.

すぐに彼と温厚なニューファンドランド犬の縮れたは連れて行かれました。

Ils suivirent le petit homme depuis la cour du pull rouge.

彼らは赤いセーターを着た人の庭からその小男の後を追った。

Ce fut la dernière fois que Buck vit l'homme avec la massue en bois.

それがバックが木の棍棒を持った男を見た最後の時だった。

Depuis le pont du Narval, il regardait Seattle disparaître au loin.

彼はイッカク号のデッキからシアトルが遠くに消えていくのを眺めた。

C'était aussi la dernière fois qu'il voyait le chaud Southland.

それは彼が暖かい南国を見た最後の機会でもありました。

Perrault les emmena sous le pont et les laissa à François.

ペローは彼らを船底に連れて行き、フランソワに預けた。

François était un géant au visage noir, aux mains rugueuses et calleuses.

フランソワは、顔が黒く、手が荒れてタコだらけの巨漢だった。

Il était brun et basané; un métis franco-canadien.

彼は肌が浅黒く、フランス系カナダ人の混血だった。

Pour Buck, ces hommes étaient d'un genre qu'il n'avait jamais vu auparavant.

バックにとって、これらの男たちは今まで見たことのない種類の男たちだった。

Il allait connaître beaucoup d'autres hommes de ce genre dans les jours qui suivirent.

彼はその後、そのような男性を数多く知ることになるだろう。

Il ne s'est pas attaché à eux, mais il a appris à les respecter.

彼は彼らを好きになったわけではないが、尊敬するようになった。

Ils étaient justes et sages, et ne se laissaient pas facilement tromper par un chien.

彼らは公平で賢く、どんな犬にも簡単に騙されることはありませんでした。

Ils jugeaient les chiens avec calme et ne les punissaient que lorsqu'ils le méritaient.

彼らは犬を冷静に判断し、罰に値する場合にのみ罰を与えた。

Sur le pont inférieur du Narwhal, Buck et Curly ont rencontré deux chiens.

イッカク号の下甲板で、バックと縮れたは二匹の犬に出会った。

L'un d'eux était un grand chien blanc venu du lointain et glacial Spitzberg.

一匹は遠く離れた氷に覆われたスピッツベルゲン島から来た大きな白い犬でした。

Il avait autrefois navigué avec un baleinier et rejoint un groupe d'enquête.

彼はかつて捕鯨船に乗って調査団に加わったことがある。

Il était amical d'une manière sournoise, sournoise et rusée.

彼はずる賢く、陰険で、ずる賢いやり方で友好的だった。

Lors de leur premier repas, il a volé un morceau de viande dans la poêle de Buck.

最初の食事のとき、彼はバックのフライパンから肉を一切れ盗みました。

Buck sauta pour le punir, mais le fouet de François frappa en premier.

バックは彼を罰するために飛びかかったが、フランソワの鞭が先に当たった。

Le voleur blanc hurla et Buck récupéra l'os volé.

白人の泥棒は悲鳴をあげ、バックは盗まれた骨を取り戻した。

Cette équité impressionna Buck, et François gagna son respect.

その公平さはバックに感銘を与え、フランソワは彼の尊敬を得た。

L'autre chien ne lui a pas adressé de salut et n'en a pas voulu en retour.

もう一匹の犬は挨拶もせず、挨拶の返事も求めませんでした。

Il ne volait pas de nourriture et ne reniflait pas les nouveaux arrivants avec intérêt.

彼は食べ物を盗んだり、新しく来たものを興味深く嗅いだりしませんでした。

Ce chien était sinistre et calme, sombre et lent.

この犬は陰気で静かで、陰気で動きが遅かった。

Il a averti Curly de rester à l'écart en la regardant simplement.

彼はただ睨みつけるだけで縮れたに近寄らないように警告した。

Son message était clair : laissez-moi tranquille ou il y aura des problèmes.

彼のメッセージは明確でした。私を放っておいてくれ、さもないと問題が起きるぞ、というものでした。

Il s'appelait Dave et il remarquait à peine son
environnement.

彼はデイブと呼ばれ、周囲の状況をほとんど気にしてい
ませんでした。

Il dormait souvent, mangeait tranquillement et bâillait de
temps en temps.

彼はよく眠り、静かに食事をし、時々あくびをしていた
。

Le navire ronronnait constamment avec le battement de
l'hélice en dessous.

船は下でプロペラが鼓動する音とともに絶えずブンブン
と音を立てていた。

Les jours passèrent sans grand changement, mais le temps
devint plus froid.

あまり変化のない日々が過ぎていきましたが、天気は寒
くなってきました。

Buck pouvait le sentir dans ses os et remarqua que les autres
le faisaient aussi.

バックはそれを骨の髄まで感じ、他の人たちもそう感じ
ていることに気づいた。

Puis un matin, l'hélice s'est arrêtée et tout est redevenu
calme.

そしてある朝、プロペラが止まり、すべてが静かになり
ました。

Une énergie parcourut le vaisseau ; quelque chose avait
changé.

エネルギーが船中に広がり、何かが変わった。

François est descendu, les a attachés en laisse et les a
remontés.

フランソワは降りてきて、犬たちにリードをつけ、連れ
て帰りました。

Buck sortit et trouva le sol doux, blanc et froid.

バックは外に出て、地面が柔らかく、白く、冷たいこと
に気づいた。

Il sursauta en arrière, alarmé, et renifla, totalement confus.

彼は驚いて飛び退き、完全に混乱した様子で鼻を鳴らした。

Une étrange substance blanche tombait du ciel gris.

灰色の空から奇妙な白いものが落ちてきました。

Il se secoua, mais les flocons blancs continuaient à atterrir sur lui.

彼は体を震わせたが、白い雪片は彼の上に降り注ぎ続けた。

Il renifla soigneusement la substance blanche et lécha quelques morceaux glacés.

彼はその白いものを注意深く嗅ぎ、氷のようなものをいくつか舐めた。

La poudre brûla comme du feu, puis disparut de sa langue.

粉は火のように燃え、舌の上から消えていった。

Buck essaya à nouveau, intrigué par l'étrange froideur qui disparaissait.

バックは、奇妙に消えていく冷たさに困惑しながら、もう一度試してみた。

Les hommes autour de lui rirent et Buck se sentit gêné.

周りの男たちは笑い、バックは恥ずかしくなった。

Il ne savait pas pourquoi, mais il avait honte de sa réaction.

彼は理由は知らなかったが、自分の反応を恥じた。

C'était sa première expérience avec la neige, et cela le dérouta.

それは彼にとって初めての雪の経験であり、彼は混乱した。

La loi du gourdin et des crocs
棍棒と牙の法則

Le premier jour de Buck sur la plage de Dyea ressemblait à un terrible cauchemar.

バックにとってダイアビーチでの初日はひどい悪夢のようだった。

Chaque heure apportait de nouveaux chocs et des changements inattendus pour Buck.

毎時間ごとに、バックは新たな衝撃と予期せぬ変化に見舞われた。

Il avait été arraché à la civilisation et jeté dans un chaos sauvage.

彼は文明から引き離され、激しい混乱の中に放り込まれた。

Ce n'était pas une vie ensoleillée et paresseuse, faite d'ennui et de repos.

これは退屈と休息を伴う、陽気で怠惰な生活ではありませんでした。

Il n'y avait pas de paix, pas de repos, et pas un instant sans danger.

平和も休息もなく、危険のない瞬間もなかった。

La confusion régnait sur tout et le danger était toujours proche.

混乱がすべてを支配し、危険は常に身近に迫っていました。

Buck devait rester vigilant car ces hommes et ces chiens étaient différents.

バックは、これらの男たちと犬たちが異なっていたので、警戒を怠ってはならなかった。

Ils n'étaient pas originaires des villes ; ils étaient sauvages et sans pitié.

彼らは町から来たわけではなく、野蛮で慈悲のない者たちでした。

Ces hommes et ces chiens ne connaissaient que la loi du gourdin et des crocs.

これらの男と犬は棍棒と牙の法則しか知らなかった。

Buck n'avait jamais vu de chiens se battre comme ces huskies sauvages.

バックは、これらの獰猛なハスキー犬のように戦う犬を見たことがなかった。

Sa première expérience lui a appris une leçon qu'il n'oublierait jamais.

その最初の経験は彼に決して忘れることのない教訓を与えた。

Il a eu de la chance que ce ne soit pas lui, sinon il serait mort aussi.

それが彼でなかったのは幸運だった、そうでなければ彼も死んでいただろう。

Curly était celui qui souffrait tandis que Buck regardait et apprenait.

バックが見守りながら学んでいる間、苦しんだのは縮れただった。

Ils avaient installé leur campement près d'un magasin construit en rondins.

彼らは丸太で建てられた店の近くにキャンプを張っていた。

Curly a essayé d'être amical avec un grand husky ressemblant à un loup.

縮れたは、狼のような大きなハスキー犬に優しくしようとしました。

Le husky était plus petit que Curly, mais avait l'air sauvage et méchant.

ハスキーは縮れたより小さかったが、野性的で凶暴な様子だった。

Sans prévenir, il a sauté et lui a ouvert le visage.

彼は何の前触れもなく飛び上がり、彼女の顔を切り裂いた。

Ses dents lui coupèrent l'œil jusqu'à sa mâchoire en un seul mouvement.

彼の歯は彼女の目から顎まで一気に切り裂いた。

C'est ainsi que les loups se battaient : ils frappaient vite et sautaient loin.

これがオオカミの戦い方です。素早く攻撃して、飛び去るのです。

Mais il y avait plus à apprendre que de cette seule attaque.

しかし、その攻撃から学ぶべきことはもっとたくさんありました。

Des dizaines de huskies se sont précipités et ont formé un cercle silencieux.

数十匹のハスキー犬が駆け寄ってきて、静かに輪を作った。

Ils regardaient attentivement et se léchaient les lèvres avec faim.

彼らはじっと見つめ、空腹で唇をなめました。

Buck ne comprenait pas leur silence ni leurs regards avides.

バックは彼らの沈黙や熱心な視線の意味を理解していなかった。

Curly s'est précipité pour attaquer le husky une deuxième fois.

縮れたは再びハスキー犬を攻撃しようと突進した。

Il a utilisé sa poitrine pour la renverser avec un mouvement puissant.

彼は胸を使って強い動きで彼女を倒した。

Elle est tombée sur le côté et n'a pas pu se relever.

彼女は横に倒れてしまい、起き上がることができませんでした。

C'est ce que les autres attendaient depuis le début.

それは他の人たちもずっと待っていたものだった。

Les huskies ont sauté sur elle, hurlant et grognant avec frénésie.

ハスキー犬たちは狂ったように吠えながら彼女に飛びかかった。

Elle a crié alors qu'ils l'enterraient sous un tas de chiens.

彼女は犬の山の下に埋められたとき、叫び声をあげた。

L'attaque fut si rapide que Buck resta figé sur place sous le choc.

攻撃があまりにも速かったので、バックはショックでその場に凍りついた。

Il vit Spitz tirer la langue d'une manière qui ressemblait à un rire.

彼はスピッツが笑っているように見える形で舌を突き出しているのを見た。

François a attrapé une hache et a couru droit vers le groupe de chiens.

フランソワは斧を掴み、まっすぐ犬の群れの中に突進した。

Trois autres hommes ont utilisé des gourdins pour aider à repousser les huskies.

他の3人の男は棍棒を使ってハスキー犬を追い払った。

En seulement deux minutes, le combat était terminé et les chiens avaient disparu.

わずか2分で戦いは終わり、犬たちはいなくなっていました。

Curly gisait morte dans la neige rouge et piétinée, son corps déchiré.

縮れたは、体を引き裂かれ、踏みつけられた赤い雪の上に死んで横たわっていた。

Un homme à la peau sombre se tenait au-dessus d'elle, maudissant la scène brutale.

黒い肌の男が彼女の前に立ち、残酷な光景を罵った。

Le souvenir est resté avec Buck et a hanté ses rêves la nuit.

その記憶はバックの心の中に残り、毎晩夢に現れた。

C'était comme ça ici : pas d'équité, pas de seconde chance.

ここではそれが普通だった。公平さもなければ二度目のチャンスもない。

Une fois qu'un chien tombait, les autres le tuaient sans pitié.

一匹の犬が倒れると、他の犬は容赦なく殺します。

Buck décida alors qu'il ne se permettrait jamais de tomber.

バックはそのとき、自分は決して落ちないと決心した。

Spitz tira à nouveau la langue et rit du sang.

スピッツはまた舌を出して血を見て笑った。

À partir de ce moment-là, Buck détesta Spitz de tout son cœur.

その瞬間から、バックは心底スピッツを憎むようになった。

Avant que Buck ne puisse se remettre de la mort de Curly, quelque chose de nouveau s'est produit.

バックが縮れたの死から立ち直る前に、新たな出来事が起こった。

François s'est approché et a attaché quelque chose autour du corps de Buck.

フランソワがやって来て、バックの体に何かを巻き付けました。

C'était un harnais comme ceux utilisés sur les chevaux du ranch.

それは牧場で馬に使われるような馬具でした。

Comme Buck avait vu les chevaux travailler, il devait maintenant travailler aussi.

バックは馬が働くのを見てきたので、今度は自分も働かされることになった。

Il a dû tirer François sur un traîneau dans la forêt voisine.

彼はフランソワをそりに乗せて近くの森まで引っ張って行かなければなりませんでした。

Il a ensuite dû ramener une lourde charge de bois de chauffage.

それから、彼は重い薪を積んで引き戻さなければなりませんでした。

Buck était fier, donc cela lui faisait mal d'être traité comme un animal de travail.

バックはプライドの高い人だったので、労働動物のように扱われるのは辛かった。

Mais il était sage et n'a pas essayé de lutter contre la nouvelle situation.

しかし彼は賢明だったので、新たな状況に逆らおうとはしなかった。

Il a accepté sa nouvelle vie et a donné le meilleur de lui-même dans chaque tâche.

彼は新しい人生を受け入れ、あらゆる仕事に最善を尽くしました。

Tout ce qui concernait ce travail lui était étrange et inconnu.

彼にとって、その仕事に関するすべてが奇妙で未知のものだった。

François était strict et exigeait l'obéissance sans délai.

フランソワは厳格で、遅滞なく従うことを要求した。

Son fouet garantissait que chaque ordre soit exécuté immédiatement.

彼の鞭はすべての命令がすぐに従うことを確実にした。

Dave était le conducteur du traîneau, le chien le plus proche du traîneau derrière Buck.

デイブは車輪の引き手で、バックの後ろでそりに一番近い犬でした。

Dave mordait Buck sur les pattes arrière s'il faisait une erreur.

デイブは、バックがミスをすると後ろ足を噛みました。

Spitz était le chien de tête, compétent et expérimenté dans ce rôle.

スピッツはリーダー犬であり、その役割に熟練しており、経験豊富でした。

Spitz ne pouvait pas atteindre Buck facilement, mais il le corrigea quand même.

スピッツはバックに簡単には辿り着けなかったが、それでも彼を訂正した。

Il grognait durement ou tirait le traîneau d'une manière qui enseignait à Buck.

彼は荒々しく唸ったり、バックに教えるようなやり方でそりを引いたりした。

Grâce à cette formation, Buck a appris plus vite que ce qu'ils avaient imaginé.

この訓練により、バックは誰もが予想していたよりも早く学習しました。

Il a travaillé dur et a appris de François et des autres chiens.

彼は一生懸命働き、フランソワと他の犬たちから学びました。

À leur retour, Buck connaissait déjà les commandes clés.

彼らが戻ったとき、バックはすでに重要なコマンドを覚えていました。

Il a appris à s'arrêter au son « ho » de François.

彼はフランソワから「ホ」という音で止まることを教わりました。

Il a appris quand il a dû tirer le traîneau et courir.

彼はそりを引いて走らなければならない時を学びました。

Il a appris à tourner largement dans les virages du sentier sans difficulté.

彼は道の曲がり角で問題なく大きく曲がることを学んだ。

Il a également appris à éviter Dave lorsque le traîneau descendait rapidement.

彼はまた、そりが急に坂を下りてきたときにデイブを避けることも学びました。

« Ce sont de très bons chiens », dit fièrement François à Perrault.

「彼らはとても良い犬だ」フランソワは誇らしげにペローに言った。

« Ce Buck tire comme un dingue, je lui apprends vite fait. »

「あの雄鹿はものすごく引っ張るから、とにかく速く引っ張るように教えてやったんだ。」

Plus tard dans la journée, Perrault est revenu avec deux autres chiens husky.

その日遅く、ペローはさらに2匹のハスキー犬を連れて戻ってきた。

Ils s'appelaient Billee et Joe, et ils étaient frères.

彼らの名前はビリーとジョーで、兄弟でした。

Ils venaient de la même mère, mais ne se ressemblaient pas du tout.

彼らは同じ母親から生まれましたが、まったく似ていませんでした。

Billee était de nature douce et très amicale avec tout le monde.

ビリーは優しい性格で、誰に対してもとてもフレンドリーでした。

Joe était tout le contraire : calme, en colère et toujours en train de grogner.

ジョーは正反対で、静かで、怒っていて、いつも怒鳴っていました。

Buck les a accueillis de manière amicale et s'est montré calme avec eux deux.

バックは二人に友好的に挨拶し、二人に対して穏やかに接した。

Dave ne leur prêta aucune attention et resta silencieux comme d'habitude.

デイブは彼らに注意を払わず、いつものように黙っていた。

Spitz a attaqué d'abord Billee, puis Joe, pour montrer sa domination.

スピッツは自分の優位性を示すために、まずビリーを攻撃し、次にジョーを攻撃した。

Billee remua la queue et essaya d'être amical avec Spitz.

ビリーは尻尾を振ってスピッツに優しくしようとしました。

Lorsque cela n'a pas fonctionné, il a essayé de s'enfuir à la place.

それがうまくいかなかったとき、彼は代わりに逃げようとしました。

Il a pleuré tristement lorsque Spitz l'a mordu fort sur le côté.

スピッツが彼の脇腹を強く噛んだとき、彼は悲しそうに泣きました。

Mais Joe était très différent et refusait d'être intimidé.

しかし、ジョーは他の子とは全く違っていて、いじめられることを拒否しました。

Chaque fois que Spitz s'approchait, Joe se retournait pour lui faire face rapidement.

スピッツが近づくたびに、ジョーは素早く回転してスピッツのほうを向いた。

Sa fourrure se hérissa, ses lèvres se retroussèrent et ses dents claquèrent sauvagement.

彼の毛は逆立ち、唇は歪んで、歯は激しくカチカチと音を立てた。

Les yeux de Joe brillaient de peur et de rage, défiant Spitz de frapper.

ジョーの目は恐怖と怒りで輝き、スピッツに攻撃を挑発した。

Spitz abandonna le combat et se détourna, humilié et en colère.

スピッツは屈辱と怒りを感じながら戦いを諦め、立ち去った。

Il a déversé sa frustration sur le pauvre Billee et l'a chassé.

彼はかわいそうなビリーに不満をぶつけ、彼を追い払った。

Ce soir-là, Perrault ajouta un chien de plus à l'équipe.

その夜、ペローはチームにもう一匹の犬を加えました。

Ce chien était vieux, maigre et couvert de cicatrices de guerre.

この犬は年老いて、痩せていて、戦いの傷跡で覆われていました。

L'un de ses yeux manquait, mais l'autre brillait de puissance.

彼の目は片方は欠けていたが、もう片方は力強く輝いていた。

Le nom du nouveau chien était Solleks, ce qui signifiait « celui qui est en colère ».

新しい犬の名前はソレックス、つまり「怒った犬」という意味でした。

Comme Dave, Solleks ne demandait rien aux autres et ne donnait rien en retour.

デイブと同様に、ソレックスは他人に何も求めず、何も返さなかった。

Lorsque Solleks entra lentement dans le camp, même Spitz resta à l'écart.

ソレックスがゆっくりとキャンプに歩いて入っていくと、スピッツさえも近寄らなかった。

Il avait une étrange habitude que Buck a eu la malchance de découvrir.

彼には奇妙な習慣があったが、バックはそれを不運にも発見してしまった。

Solleks détestait qu'on l'approche du côté où il était aveugle.

ソレックスさんは、自分の目が見えていない側から近づかれるのが大嫌いだった。

Buck ne le savait pas et a fait cette erreur par accident.

バックはこれを知らず、偶然にその間違いを犯しました。

Solleks se retourna et frappa l'épaule de Buck profondément et rapidement.

ソレックスはくるりと回転し、バックの肩を深く素早く切りつけた。

À partir de ce moment, Buck ne s'est plus jamais approché du côté aveugle de Solleks.

その瞬間から、バックはソレックスの死角に近づくことはなかった。

Ils n'ont plus jamais eu de problèmes pendant le reste de leur temps ensemble.

彼らが一緒に過ごした残りの期間、再び問題が起こることはなかった。

Solleks voulait seulement être laissé seul, comme le calme Dave.

ソレックスは、静かなデイブのように、ただ一人になることを望んでいた。

Mais Buck apprendra plus tard qu'ils avaient chacun un autre objectif secret.

しかし、バックは後に、彼らがそれぞれ別の秘密の目的を持っていたことを知ることになる。

Cette nuit-là, Buck a dû faire face à un nouveau défi troublant : comment dormir.

その夜、バックは新たな困難な課題、つまりどうやって眠るかという問題に直面した。

La tente brillait chaleureusement à la lumière des bougies dans le champ enneigé.

雪原の中のテントはろうそくの明かりで暖かく輝いていた。

Buck entra, pensant qu'il pourrait se reposer là comme avant.

バックは、以前のようにそこで休めるだろうと思って中に入った。

Mais Perrault et François lui criaient dessus et lui jetaient des casseroles.

しかしペローとフランソワは彼に怒鳴りつけ、鍋を投げつけた。

Choqué et confus, Buck s'est enfui dans le froid glacial.

ショックを受けて混乱したバックは、凍えるような寒さの中へ飛び出しました。

Un vent glacial piquait son épaule blessée et lui gelait les pattes.

ひどい風が彼の傷ついた肩を刺し、彼の足を凍らせた。

Il s'est allongé dans la neige et a essayé de dormir à la belle étoile.

彼は雪の上に横たわり、戸外で眠ろうとした。

Mais le froid l'obligea bientôt à se relever, tremblant terriblement.

しかし、寒さのせいで、彼はすぐにひどく震えながら起き上がらざるを得ませんでした。

Il erra dans le camp, essayant de trouver un endroit plus chaud.

彼は暖かい場所を探してキャンプ場を歩き回った。

Mais chaque coin était aussi froid que le précédent.

しかし、どの角も前と同じように寒かった。

Parfois, des chiens sauvages sautaient sur lui dans l'obscurité.

時々、暗闇の中から凶暴な犬が彼に飛びかかってくることもありました。

Buck hérissa sa fourrure, montra ses dents et grogna en signe d'avertissement.

バックは毛を逆立て、歯をむき出しにして、警告するように唸った。

Il apprenait vite et les autres chiens reculaient rapidement.

彼は学習が早く、他の犬たちはすぐに後退しました。

Il n'avait toujours pas d'endroit où dormir et ne savait pas quoi faire.

それでも、彼には寝る場所もなく、何をすればいいのかもわからなかった。

Finalement, une pensée lui vint : aller voir ses coéquipiers.

ついに、彼はチームメイトの様子を確認するという考えを思いつきました。

Il est retourné dans leur région et a été surpris de les trouver partis.

彼は彼らの地域に戻り、彼らがいなくなっていることに驚きました。

Il chercha à nouveau dans le camp, mais ne parvint toujours pas à les trouver.

彼は再びキャンプ内を捜索したが、やはり彼らを見つけることはできなかった。

Il savait qu'ils ne pouvaient pas être dans la tente, sinon il le serait aussi.

彼らがテントの中にいるはずがない、そうでなければ自分もテントの中にいることになる、と彼は知っていた。

Alors, où étaient passés tous les chiens dans ce camp gelé ?

それで、この凍ったキャンプで犬たちはどこへ行ってしまったのでしょうか?

Buck, froid et misérable, tournait lentement autour de la tente.

寒さと惨めさを感じたバックはゆっくりとテントの周りを回った。

Soudain, ses pattes avant s'enfoncèrent dans la neige molle et le surprit.

突然、前足が柔らかい雪の中に沈み、彼は驚きました。

Quelque chose se tortilla sous ses pieds et il sursauta en arrière, effrayé.

足元で何かがうごめいたため、彼は恐怖で後ずさりした。

Il grogna et grogna, ne sachant pas ce qui se cachait sous la neige.

彼は雪の下に何があるのかも知らずに、うなり声をあげた。

Puis il entendit un petit aboiement amical qui apaisa sa peur.

すると、友好的な小さな吠え声が聞こえてきて、彼の恐怖は和らぎました。

Il renifla l'air et s'approcha pour voir ce qui était caché.

彼は空気を嗅いで、何が隠されているかを見るために近づいてきました。

Sous la neige, recroquevillée en boule chaude, se trouvait la petite Billee.

雪の下で、暖かいボールのように丸まっているのは、小さなビリーでした。

Billee remua la queue et lécha le visage de Buck pour le saluer.

ビリーは尻尾を振ってバックの顔を舐めて挨拶しました。

Buck a vu comment Billee avait fabriqué un endroit pour dormir dans la neige.

バックはビリーが雪の中に寝場所を作っているのを見た。

Il avait creusé et utilisé sa propre chaleur pour rester au chaud.

彼は地面を掘り、自分の体温を利用して暖をとっていた。

Buck avait appris une autre leçon : c'est ainsi que les chiens dormaient.

バックはまた別の教訓を学んだ。犬たちはこうやって眠るのだ。

Il a choisi un endroit et a commencé à creuser son propre trou dans la neige.

彼は場所を選び、雪の中に自分の穴を掘り始めました。

Au début, il bougeait trop et gaspillait de l'énergie.

最初は動き回りすぎてエネルギーを無駄にしていました。

Mais bientôt son corps réchauffa l'espace et il se sentit en sécurité.

しかし、すぐに彼の体はその空間を温め、彼は安心した。

Il se recroquevilla étroitement et, peu de temps après, il s'endormit profondément.

彼は体をしっかりと丸めて、すぐにぐっすりと眠ってしまいました。

La journée avait été longue et dure, et Buck était épuisé.

その日は長くてつらい一日だったので、バックは疲れ果てていた。

Il dormait profondément et confortablement, même si ses rêves étaient fous.

彼は荒々しい夢を見ていたにもかかわらず、深く心地よく眠った。

Il grognait et aboyait dans son sommeil, se tordant pendant qu'il rêvait.

彼は夢を見ながら体をよじりながら、寝言を言ったり吠えたりした。

Buck ne s'est réveillé que lorsque le camp était déjà en train de prendre vie.

バックはキャンプが活気づき始めるまで目を覚まさなかった。

Au début, il ne savait pas où il était ni ce qui s'était passé.

最初、彼は自分がどこにいるのか、何が起こったのか分かりませんでした。

La neige était tombée pendant la nuit et avait complètement enseveli son corps.

一晩中に雪が降り、彼の遺体が完全に埋もれてしまった。

La neige se pressait autour de lui, serrée de tous côtés.
雪は彼の周囲にぎっしりと押し付けられていた。

Soudain, une vague de peur traversa tout le corps de Buck.
突然、恐怖の波がバックの全身を駆け巡った。

C'était la peur d'être piégé, une peur venue d'instincts profonds.
それは閉じ込められることへの恐怖であり、深い本能からくる恐怖でした。

Bien qu'il n'ait jamais vu de piège, la peur vivait en lui.
彼は罠を見たことがなかったが、心の中では恐怖が残っていた。

C'était un chien apprivoisé, mais maintenant ses vieux instincts sauvages se réveillaient.
彼は飼いならされた犬だったが、今では昔の野生の本能が目覚めていた。

Les muscles de Buck se tendirent et sa fourrure se dressa sur tout son dos.
バックの筋肉は緊張し、背中の毛が逆立った。

Il grogna férocement et bondit droit dans la neige.
彼は激しく唸り声をあげ、雪の中をまっすぐに飛び上がった。

La neige volait dans toutes les directions alors qu'il faisait irruption dans la lumière du jour.
彼が日光の中に飛び出すと、雪が四方八方に舞い上がった。

Avant même d'atterrir, Buck vit le camp s'étendre devant lui.
着陸する前から、バックは目の前に広がるキャンプを見た。

Il se souvenait de tout ce qui s'était passé la veille, d'un seul coup.
彼は前日の出来事をすべて一気に思い出した。

Il se souvenait d'avoir flâné avec Manuel et d'avoir fini à cet endroit.

彼はマヌエルと一緒に散歩してこの場所にたどり着いたことを思い出した。

Il se souvenait avoir creusé le trou et s'être endormi dans le froid.

彼は穴を掘って寒さの中で眠りに落ちたことを思い出した。

Maintenant, il était réveillé et le monde sauvage qui l'entourait était clair.

今、彼は目を覚まし、周囲の荒々しい世界がはっきりと見えていた。

Un cri de François salua l'apparition soudaine de Buck.

フランソワはバックの突然の出現を歓迎する叫び声をあげた。

« Qu'est-ce que j'ai dit ? » cria le conducteur du chien à Perrault.

「私が何て言ったの？」犬の御者はペローに向かって大声で叫んだ。

« Ce Buck apprend vraiment très vite », a ajouté François.

「あの雄鹿は間違いなく、ものすごく早く学習するね」とフランソワは付け加えた。

Perrault hocha gravement la tête, visiblement satisfait du résultat.

ペローは結果に明らかに満足し、重々しくうなずいた。

En tant que courrier pour le gouvernement canadien, il transportait des dépêches.

彼はカナダ政府の伝令として、伝言を運んだ。

Il était impatient de trouver les meilleurs chiens pour son importante mission.

彼は重要な任務に最適な犬を見つけることに熱心だった。

Il se sentait particulièrement heureux maintenant que Buck faisait partie de l'équipe.

彼はバックがチームの一員になったことを特に嬉しく思った。

Trois autres huskies ont été ajoutés à l'équipe en une heure.

1 時間以内にさらに 3
匹のハスキー犬がチームに加わりました。

Cela porte le nombre total de chiens dans l'équipe à neuf.

これにより、チームの犬の数は合計 9
匹になりました。

En quinze minutes, tous les chiens étaient dans leurs harnais.

15分以内に、すべての犬がハーネスを着けました。

L'équipe de traîneaux remontait le sentier en direction du canyon de Dyea.

そりチームはダイア渓谷に向かって道を登っていた。

Buck était heureux de partir, même si le travail à venir était difficile.

バックは、たとえ今後の仕事が大変であっても、去ることができて嬉しかった。

Il s'est rendu compte qu'il ne détestait pas particulièrement le travail ou le froid.

彼は労働や寒さを特に嫌っているわけではないことに気づいた。

Il a été surpris par l'empressement qui a rempli toute l'équipe.

彼はチーム全体に満ち溢れた熱意に驚いた。

Encore plus surprenant fut le changement qui s'était produit chez Dave et Solleks.

さらに驚いたのは、デイブとソレックスに起こった変化だった。

Ces deux chiens étaient complètement différents lorsqu'ils étaient attelés.

この二匹の犬は、ハーネスをつけたときはまったく違っていました。

Leur passivité et leur manque d'intérêt avaient complètement disparu.

彼らの消極的な態度や無関心は完全に消え去っていました。

Ils étaient alertes et actifs, et désireux de bien faire leur travail.

彼らは機敏で活動的であり、仕事をうまくやり遂げることに熱心でした。

Ils s'irritaient violemment à tout ce qui pouvait provoquer un retard ou une confusion.

彼らは、遅延や混乱を引き起こすものに対して激しくイライラするようになった。

Le travail acharné sur les rênes était le centre de tout leur être.

手綱を握る懸命な仕事が彼らの全存在の中心でした。

Tirer un traîneau semblait être la seule chose qu'ils appréciaient vraiment.

そりを引くことが彼らが本当に楽しんでいる唯一のことのようでした。

Dave était à l'arrière du groupe, le plus proche du traîneau lui-même.

デイブはグループの最後尾、そりに一番近かった。

Buck a été placé devant Dave, et Solleks a dépassé Buck.

バックはデイブの前に配置され、ソレックスはバックの前に進みました。

Le reste des chiens était aligné devant eux en file indienne.

残りの犬たちは一列になって前に並んでいた。

La position de tête à l'avant était occupée par Spitz.

先頭の座はスピッツが占めた。

Buck avait été placé entre Dave et Solleks pour l'instruction.

バックは指導のためにデイブとソレックスの間に置かれていた。

Il apprenait vite et ils étaient des professeurs fermes et compétents.

彼は学習が早く、教師たちは厳格で有能でした。

Ils n'ont jamais permis à Buck de rester longtemps dans l'erreur.

彼らはバックが長期間にわたって誤ったままでいることを決して許さなかった。

Ils ont enseigné leurs leçons avec des dents acérées quand c'était nécessaire.

彼らは必要に応じて鋭い歯で教訓を教えました。

Dave était juste et faisait preuve d'une sagesse calme et sérieuse.

デイブは公平で、静かで真剣な知恵を示しました。

Il n'a jamais mordu Buck sans une bonne raison de le faire.

彼は、正当な理由がない限り、決してバックを噛むことはなかった。

Mais il n'a jamais manqué de mordre lorsque Buck avait besoin d'être corrigé.

しかし、バックが矯正を必要としているときは、彼は決して噛み付かなかった。

Le fouet de François était toujours prêt et soutenait leur autorité.

フランソワの鞭は常に準備されており、彼らの権威を支えていた。

Buck a vite compris qu'il valait mieux obéir que riposter.

バックはすぐに、反撃するよりも従うほうがよいことに気づいた。

Un jour, lors d'un court repos, Buck s'est emmêlé dans les rênes.

一度、短い休憩中に、バックは手綱に絡まってしまいました。

Il a retardé le départ et a perturbé le mouvement de l'équipe.

彼はスタートを遅らせ、チームの動きを混乱させた。

Dave et Solleks se sont jetés sur lui et lui ont donné une raclée.

デイブとソレックスは彼に飛びかかり、激しく殴りつけた。

L'enchevêtrement n'a fait qu'empirer, mais Buck a bien appris sa leçon.

もつれは悪化するばかりだったが、バックは教訓をよく学んだ。

Dès lors, il garda les rênes tendues et travailla avec soin.

それ以来、彼は手綱をしっかりと締め、慎重に作業を続けた。

Avant la fin de la journée, Buck avait maîtrisé une grande partie de sa tâche.

その日が終わる前に、バックは自分の任務の大半をマスターした。

Ses coéquipiers ont presque arrêté de le corriger ou de le mordre.

チームメイトは彼を叱ったり噛んだりすることをほとんどやめました。

Le fouet de François claquait de moins en moins souvent dans l'air.

フランソワの鞭が空気を切る音はだんだん小さくなっていった。

Perrault a même soulevé les pieds de Buck et a soigneusement examiné chaque patte.

ペローはバックの足を持ち上げて、それぞれの足を注意深く調べました。

Cela avait été une journée de course difficile, longue et épuisante pour eux tous.

彼ら全員にとって、それは長くて疲れる、厳しい一日のランニングだった。

Ils remontèrent le Cañon, traversèrent Sheep Camp et passèrent devant les Scales.

彼らはキャニオンを登り、シープキャンプを通り、スケールズを過ぎました。

Ils ont traversé la limite des forêts, puis des glaciers et des congères de plusieurs mètres de profondeur.

彼らは森林限界を越え、さらに何フィートも深い氷河と雪の吹きだまりを越えた。

Ils ont escaladé la grande et froide chaîne de montagnes Chilkoot Divide.

彼らは、とても寒くて恐ろしいチルクート分水嶺を登りました。

Cette haute crête se dressait entre l'eau salée et l'intérieur gelé.

その高い尾根は塩水と凍った内陸部の間に位置していた。

Les montagnes protégeaient le Nord triste et solitaire avec de la glace et des montées abruptes.

山々は氷と険しい坂道で、悲しく孤独な北を守っていた。

Ils ont parcouru à bon rythme une longue chaîne de lacs en aval de la ligne de partage des eaux.
彼らは分水嶺の下の長い湖群を順調に下っていった。

Ces lacs remplissaient les anciens cratères de volcans éteints.
これらの湖は死火山の古代の火口を埋め尽くしたものでした。

Tard dans la nuit, ils atteignirent un grand camp au bord du lac Bennett.
その夜遅く、彼らはベネット湖の大きなキャンプ地に到着した。

Des milliers de chercheurs d'or étaient là, construisant des bateaux pour le printemps.
何千人もの金採掘者がそこに集まり、春に向けて船を建造していた。

La glace allait bientôt se briser et ils devaient être prêts.
氷はすぐに解けそうだったので、彼らは準備をする必要がありました。

Buck creusa son trou dans la neige et tomba dans un profond sommeil.
バックは雪の中に穴を掘り、深い眠りに落ちた。

Il dormait comme un ouvrier, épuisé par une dure journée de travail.
彼は、厳しい一日の労働で疲れ果てた労働者のように眠った。

Mais trop tôt dans l'obscurité, il fut tiré de son sommeil.
しかし、暗闇の中で、彼は眠りから引きずり起こされた。

Il fut à nouveau attelé avec ses compagnons et attaché au traîneau.
彼は再び仲間たちと馬具を着けられ、そりに繋がれた。

Ce jour-là, ils ont parcouru quarante milles, car la neige était bien battue.
その日、雪はよく踏み固められていたので、彼らは40マイル進んだ。

Le lendemain, et pendant plusieurs jours après, la neige était molle.

翌日、そしてその後何日も、雪は柔らかくなっていました。

Ils ont dû faire le chemin eux-mêmes, en travaillant plus dur et en avançant plus lentement.

彼らは自分たちで道を切り開かなければならず、より懸命に働き、よりゆっくりと進みました。

Habituellement, Perrault marchait devant l'équipe avec des raquettes palmées.

通常、ペローは水かきのあるスノーシューを履いてチームの先頭を歩いていた。

Ses pas ont compacté la neige, facilitant ainsi le déplacement du traîneau.

彼の足取りで雪が踏み固められ、そりが動きやすくなった。

François, qui dirigeait depuis le mât, prenait parfois le relais.

ジーポールから舵を取っていたフランソワが時々操縦を引き継いだ。

Mais il était rare que François prenne les devants

しかしフランソワがリードするのは稀だった

parce que Perrault était pressé de livrer les lettres et les colis.

ペローは手紙や小包を配達するのに急いでいたからです。

Perrault était fier de sa connaissance de la neige, et surtout de la glace.

ペローは雪、特に氷に関する知識に誇りを持っていました。

Cette connaissance était essentielle, car la glace d'automne était dangereusement mince.

秋の氷は危険なほど薄かったため、その知識は不可欠でした。

Là où l'eau coulait rapidement sous la surface, il n'y avait pas du tout de glace.

地表の下で水が速く流れる場所には、氷はまったくありませんでした。

Jour après jour, la même routine se répétait sans fin.

来る日も来る日も、同じ繰り返しが終わりなく続いた。

Buck travaillait sans relâche sur les rênes, de l'aube jusqu'à la nuit.

バックは夜明けから夜まで手綱を握りしめ、休みなく働き続けた。

Ils quittèrent le camp dans l'obscurité, bien avant le lever du soleil.

彼らは太陽が昇るずっと前に、暗闇の中キャンプを出発した。

Au moment où le jour se leva, ils avaient déjà parcouru de nombreux kilomètres.

夜が明ける頃には、彼らはすでに何マイルも離れたところまで来ていた。

Ils ont installé leur campement après la tombée de la nuit, mangeant du poisson et creusant dans la neige.

彼らは暗くなってからキャンプを張り、魚を食べたり雪の中に穴を掘ったりした。

Buck avait toujours faim et n'était jamais vraiment satisfait de sa ration.

バックはいつも空腹で、配給された食料に決して満足することはありませんでした。

Il recevait une livre et demie de saumon séché chaque jour.

彼は毎日1ポンド半の干し鮭を受け取った。

Mais la nourriture semblait disparaître en lui, laissant la faim derrière elle.

しかし、食べ物は彼の体内から消え去り、空腹だけが残ったようだった。

Il souffrait constamment de la faim et rêvait de plus de nourriture.

彼は絶え間ない空腹感に苦しみ、もっと食べ物が欲しいと夢見ていた。

Les autres chiens n'ont pris qu'une livre, mais ils sont restés forts.

他の犬たちはたった1ポンドの食べ物しか与えられなか
ったが、それでも元気に生き延びた。

Ils étaient plus petits et étaient nés dans le mode de vie du
Nord.

彼らは小柄で、北の暮らしの中で生まれてきた。

Il perdit rapidement la méticulosité qui avait marqué son
ancienne vie.

彼は昔の生活を特徴づけていた几帳面さをすぐに失った
。

Il avait été un mangeur délicat, mais maintenant ce n'était
plus possible.

彼は以前は美味しいものを食べる人だったが、今はもう
それができなくなっていた。

Ses camarades ont terminé premiers et lui ont volé sa ration
inachevée.

仲間が先に食べ終えて、残っていた食料を奪い取った。

Une fois qu'ils ont commencé, il n'y avait aucun moyen de
défendre sa nourriture contre eux.

一度彼らが攻撃を始めると、彼らから食べ物を守る方法
はなくなりました。

Pendant qu'il combattait deux ou trois chiens, les autres
volaient le reste.

彼が二、三匹の犬と戦っている間に、他の犬たちが残り
の犬を盗んでいった。

Pour résoudre ce problème, il a commencé à manger aussi
vite que les autres.

これを直すために、彼は他の人と同じ速さで食べ始めま
した。

La faim le poussait tellement qu'il prenait même de la
nourriture qui n'était pas la sienne.

空腹に押しつぶされそうになった彼は、自分のものでは
ない食べ物さえも口にした。

Il observait les autres et apprenait rapidement de leurs
actions.

彼は他の人達を観察し、彼らの行動からすぐに学びまし
た。

Il a vu Pike, un nouveau chien, voler une tranche de bacon à Perrault.

彼は、新しい犬のパイクがペローからベーコンのスライスを盗むのを目撃しました。

Pike avait attendu que Perrault ait le dos tourné pour voler le bacon.

パイクはペローが背を向けるまで待ってベーコンを盗んだ。

Le lendemain, Buck a copié Pike et a volé tout le morceau.

翌日、バックはパイクの真似をして、その塊を全部盗みました。

Un grand tumulte s'ensuivit, mais Buck ne fut pas suspecté.

大きな騒動が起こったが、バックは疑われなかった。

Dub, un chien maladroit qui se faisait toujours prendre, a été puni à la place.

いつも捕まってしまう不器用な犬のダブが代わりに罰せられました。

Ce premier vol a fait de Buck un chien apte à survivre dans le Nord.

その最初の窃盗により、バックは北部で生き残れる犬として名声を得た。

Il a montré qu'il pouvait s'adapter à de nouvelles conditions et apprendre rapidement.

彼は新しい状況に適応し、素早く学習できることを示した。

Sans une telle adaptabilité, il serait mort rapidement et gravement.

そのような適応力がなければ、彼はすぐにひどい死を遂げていたでしょう。

Cela a également marqué l'effondrement de sa nature morale et de ses valeurs passées.

それはまた、彼の道徳心と過去の価値観の崩壊を意味した。

Dans le Southland, il avait vécu sous la loi de l'amour et de la bonté.

サウスランドでは、彼は愛と優しさの法則の下で暮らしていた。

Là, il était logique de respecter la propriété et les sentiments des autres chiens.

そこでは、財産や他の犬の感情を尊重することが理にかなっています。

Mais le Northland suivait la loi du gourdin et la loi du croc.

しかし、ノースランドは棍棒の法則と牙の法則に従っていた。

Quiconque respectait les anciennes valeurs ici était stupide et échouerait.

ここで古い価値観を尊重する者は愚かであり、失敗するだろう。

Buck n'a pas réfléchi à tout cela dans son esprit.

バックはこれらすべてを頭の中で推論したわけではなかった。

Il était en forme et s'est donc adapté sans avoir besoin de réfléchir.

彼は健康だったので、考える必要もなく適応しました。

De toute sa vie, il n'avait jamais fui un combat.

彼は生涯を通じて一度も戦いから逃げたことがなかった。

Mais la massue en bois de l'homme au pull rouge a changé cette règle.

しかし、赤いセーターを着た男の棍棒がそのルールを変えた。

Il suivait désormais un code plus profond et plus ancien, inscrit dans son être.

今、彼は自分の中に刻み込まれた、より深く、より古い規範に従っていた。

Il ne volait pas par plaisir, mais par faim.

彼は快楽のために盗んだのではなく、飢えの苦しみから盗んだのです。

Il n'a jamais volé ouvertement, mais il a volé avec ruse et prudence.

彼は決して公然と盗みを働いたことはなく、狡猾かつ慎重に盗みを働いた。

Il a agi par respect pour la massue en bois et par peur du croc.

彼は木の棍棒への敬意と牙への恐怖から行動した。

En bref, il a fait ce qui était plus facile et plus sûr que de ne pas le faire.

つまり、彼は何もしないより簡単で安全なことをしたのです。

Son développement – ou peut-être son retour à ses anciens instincts – fut rapide.

彼の成長、あるいは昔の本能への回帰は速かった。

Ses muscles se durcirent jusqu'à devenir aussi forts que du fer.

彼の筋肉は鉄のように硬くなったように感じた。

Il ne se souciait plus de la douleur, à moins qu'elle ne soit grave.

彼は、深刻な場合を除いて、痛みを気にしなくなった。

Il est devenu efficace à l'intérieur comme à l'extérieur, ne gaspillant rien du tout.

彼は、まったく無駄をすることなく、内外ともに効率的になりました。

Il pouvait manger des choses viles, pourries ou difficiles à digérer.

彼は、不味いもの、腐ったもの、消化しにくいものを食べることができました。

Quoi qu'il mange, son estomac utilisait jusqu'au dernier morceau de valeur.

何を食べても、胃がその価値をすべて使い果たした。

Son sang transportait les nutriments loin dans son corps puissant.

彼の血液は、その強力な体を通して栄養分を遠くまで運んだ。

Cela a créé des tissus solides qui lui ont donné une endurance incroyable.

これにより、強固な組織が構築され、信じられないほどの持久力が彼に与えられました。

Sa vue et son odorat sont devenus beaucoup plus sensibles qu'avant.

彼の視覚と嗅覚は以前よりもずっと敏感になりました。

Son ouïe est devenue si fine qu'il pouvait détecter des sons faibles pendant son sommeil.

彼の聴力は非常に鋭くなり、眠っている間にもかすかな音を聞き取れるようになった。

Il savait dans ses rêves si les sons signifiaient sécurité ou danger.

彼は夢の中で、その音が安全を意味するのか危険を意味するのかを知っていた。

Il a appris à mordre la glace entre ses orteils avec ses dents.

彼は足の指の間の氷を歯で嚙むことを覚えた。

Si un point d'eau gelait, il brisait la glace avec ses jambes.

もし水たまりが凍ってしまったら、彼は足で氷を砕いたでしょう。

Il se cabra et frappa violemment la glace avec ses membres antérieurs raides.

彼は立ち上がって、硬くなった前肢で氷を強く打ち付けた。

Sa capacité la plus frappante était de prédire les changements de vent pendant la nuit.

彼の最も目覚ましい能力は、一晩で風の変化を予測することだった。

Même lorsque l'air était calme, il choisissait des endroits abrités du vent.

空気が静止しているときでも、彼は風が当たらない場所を選んだ。

Partout où il creusait son nid, le vent du lendemain le passait à côté de lui.

彼がどこに巣を掘っても、翌日の風は彼のそばを通り過ぎました。

Il finissait toujours par se blottir et se protéger, sous le vent.

彼はいつも風下側の心地よい場所にいて、守られていた
。

Buck n'a pas seulement appris par l'expérience : son instinct
est également revenu.

バックは経験から学んだだけでなく、本能も戻りました
。

Les habitudes des générations domestiquées ont commencé
à disparaître.

家畜化された世代の習慣が消え去り始めました。

De manière vague, il se souvenait des temps anciens de sa
race.

彼は漠然と、自分の種族の太古の時代を思い出した。

Il repensa à l'époque où les chiens sauvages couraient en
meute dans les forêts.

彼は野生の犬が群れをなして森の中を走り回っていた時
代を思い出した。

Ils avaient poursuivi et tué leur proie en la poursuivant.

彼らは追いかけながら獲物を殺したのです。

Il était facile pour Buck d'apprendre à se battre avec force et
rapidité.

バックにとって、歯とスピードを使って戦う方法を学ぶ
のは簡単でした。

Il utilisait des coupures, des entailles et des coups rapides,
tout comme ses ancêtres.

彼は先祖と同じように、カット、スラッシュ、素早いス
ナップを使用しました。

Ces ancêtres se sont réveillés en lui et ont réveillé sa nature
sauvage.

それらの祖先は彼の中で揺さぶられ、彼の野性的な性質
を目覚めさせた。

Leurs anciennes compétences lui avaient été transmises par
le sang.

彼らの古い技術は血統を通じて彼に受け継がれていた。

Leurs tours étaient désormais à lui, sans besoin de pratique
ni d'effort.

練習も努力も必要なく、彼らの技は今や彼のものとなった。

Lors des nuits calmes et froides, Buck levait le nez et hurlait.
静かで寒い夜には、バックは鼻を上げて遠吠えしました。

Il hurla longuement et profondément, comme le faisaient les loups autrefois.
彼は、昔の狼がしていたように、長く深い遠吠えをした。

À travers lui, ses ancêtres morts pointaient leur nez et hurlaient.
彼を通して、死んだ先祖たちが鼻先を突き出して吠えた。

Ils ont hurlé à travers les siècles avec sa voix et sa forme.
彼らは彼の声と姿で何世紀にもわたって吠え続けた。

Ses cadences étaient les leurs, de vieux cris qui parlaient de chagrin et de froid.
彼の声は彼女たちの声と同じで、悲しみと寒さを物語る古い叫び声だった。

Ils chantaient l'obscurité, la faim et le sens de l'hiver.
彼らは暗闇、飢え、そして冬の意味について歌いました。

Buck a prouvé que la vie est façonnée par des forces qui nous dépassent.
バックは、人生が自分を超えた力によって形作られることを証明した。

L'ancienne chanson s'éleva à travers Buck et s'empara de son âme.
古代の歌がバックの体内に響き渡り、彼の魂を捕らえた。

Il s'est retrouvé parce que les hommes avaient trouvé de l'or dans le Nord.
北で人々が金を発見したおかげで、彼は自分自身を見つけたのです。

Et il s'est retrouvé parce que Manuel, l'aide du jardinier,
avait besoin d'argent.
そして、庭師の助手であるマヌエルがお金を必要として
いたため、彼は自分自身を見つけました。

La Bête Primordiale Dominante
支配的な原始の獣

La bête primordiale dominante était aussi forte que jamais en Buck.

支配的な原始の獣はバックの中で相変わらず強かった。

Mais la bête primordiale dominante sommeillait en lui.

しかし、支配的な原始の獣は彼の中に眠っていた。

La vie sur le sentier était dure, mais elle renforçait la bête qui sommeillait en Buck.

トレイルでの生活は過酷だったが、それがバックの内なる野獣を強くした。

Secrètement, la bête devenait de plus en plus forte chaque jour.

秘密裏に、獣は日に日に強くなっていった。

Mais cette croissance intérieure est restée cachée au monde extérieur.

しかし、その内面的な成長は外の世界には隠されたままでした。

Une force primordiale, calme et tranquille, se construisait à l'intérieur de Buck.

静かで穏やかな原始的な力がバックの体内に形成されつつあった。

Une nouvelle ruse a donné à Buck l'équilibre, le calme, le contrôle et l'équilibre.

新たな狡猾さにより、バックはバランス、冷静な制御、そして落ち着きを取り戻した。

Buck s'est concentré sur son adaptation, sans jamais se sentir complètement détendu.

バックは完全にリラックスすることなく、適応することに全力を尽くしました。

Il évitait les conflits, ne déclenchait jamais de bagarres et ne cherchait jamais les ennuis.

彼は争いを避け、決して喧嘩を始めたり、トラブルを起こそうとしたりしなかった。

Une réflexion lente et constante façonnait chaque mouvement de Buck.

ゆっくりとした着実な思慮深さがバックのあらゆる行動を形作った。

Il évitait les choix irréfléchis et les décisions soudaines et imprudentes.

彼は軽率な選択や突然の無謀な決断を避けた。

Bien que Buck détestait profondément Spitz, il ne lui montrait aucune agressivité.

バックはスピッツをひどく憎んでいたが、スピッツに対して攻撃的な態度は見せなかった。

Buck n'a jamais provoqué Spitz et a gardé ses actions contenues.

バックはスピッツを決して刺激せず、行動を抑制した。

Spitz, de son côté, sentait le danger grandissant chez Buck.

一方、スピッツはバックの危険が増大していることを感じ取った。

Il considérait Buck comme une menace et un sérieux défi à son pouvoir.

彼はバックを脅威であり、自分の権力に対する重大な挑戦者だとみなした。

Il profitait de chaque occasion pour grogner et montrer ses dents acérées.

彼はあらゆる機会を利用して唸り声をあげ、鋭い歯を見せた。

Il essayait de déclencher le combat mortel qui devait avoir lieu.

彼は、これから起こるであろう致命的な戦いを始めようとしていた。

Au début du voyage, une bagarre a failli éclater entre eux.

旅行の初めに、彼らの間に喧嘩が起こりそうになった。

Mais un accident inattendu a empêché le combat d'avoir lieu.

しかし予期せぬ事故により、戦いは中止となった。

Ce soir-là, ils installèrent leur campement sur le lac Le Barge, extrêmement froid.

その夜、彼らは極寒のル・バージ湖にキャンプを設営した。

La neige tombait fort et le vent soufflait comme un couteau.
雪は激しく降り、風はナイフのように切れた。

La nuit était venue trop vite et l'obscurité les entourait.
夜はあっという間に来て、暗闇が彼らを包みました。

Ils n'auraient pas pu choisir un pire endroit pour se reposer.
彼らが休息のために選んだ場所は、これより悪い場所ではなかったでしょう。

Les chiens cherchaient désespérément un endroit où se coucher.
犬たちは横になれる場所を必死に探しました。

Un haut mur de roche s'élevait abruptement derrière le petit groupe.
小さな集団の後ろには、高い岩壁がそびえ立っていました。

La tente avait été laissée à Dyea pour alléger la charge.
荷物を軽くするためにテントはダイアに残しておいた。

Ils n'avaient pas d'autre choix que d'allumer le feu sur la glace elle-même.
彼らには氷の上で火を起こすしか選択肢がなかった。

Ils étendent leurs robes de nuit directement sur le lac gelé.
彼らは凍った湖の上に直接寝間着を広げました。

Quelques bâtons de bois flotté leur ont donné un peu de feu.
流木を数本入れると、少し火がつきました。

Mais le feu s'est allumé sur la glace et a fondu à travers elle.
しかし、火は氷の上で起こり、氷を通して溶けていきました。

Finalement, ils mangeaient leur dîner dans l'obscurité.
結局、彼らは暗闇の中で夕食を食べていた。

Buck s'est recroquevillé près du rocher, à l'abri du vent froid.
雄鹿は冷たい風から身を守るために岩の横で丸くなっていた。

L'endroit était si chaud et sûr que Buck détestait déménager.
その場所はとても暖かくて安全だったので、バックはそこから離れることを嫌がりました。

Mais François avait réchauffé le poisson et distribuait les rations.

しかしフランソワは魚を温めて食料を配っていた。

Buck finit de manger rapidement et retourna dans son lit.

バックは急いで食事を終え、ベッドに戻りました。

Mais Spitz était maintenant allongé là où Buck avait fait son lit.

しかしスピッツは今、バックが寝床を作った場所に横たわっていた。

Un grognement sourd avertit Buck que Spitz refusait de bouger.

低い唸り声でバックはスピッツが動くことを拒否していることを警告した。

Jusqu'à présent, Buck avait évité ce combat avec Spitz.

これまで、バックはスピッツとのこの戦いを避けてきた。

Mais au plus profond de Buck, la bête s'est finalement libérée.

しかし、バックの心の奥底では、ついに獣が暴走した。

Le vol de son lieu de couchage était trop difficile à tolérer.

寝る場所を盗まれたことは耐え難いことだった。

Buck se lança sur Spitz, plein de colère et de rage.

バックは怒りと激怒に満ちてスピッツに向かって突進した。

Jusqu'à présent, Spitz pensait que Buck n'était qu'un gros chien.

これまでスピッツはバックがただの大きな犬だと思っていた。

Il ne pensait pas que Buck avait survécu grâce à son esprit.

彼はバックが精神を通じて生き残ったとは思わなかった。

Il s'attendait à la peur et à la lâcheté, pas à la fureur et à la vengeance.

彼は怒りや復讐ではなく、恐怖と臆病を予想していた。

François regarda les deux chiens sortir du nid en ruine.

フランソワは、2匹の犬が壊れた巣から飛び出すのを見つめた。

Il comprit immédiatement ce qui avait déclenché cette lutte sauvage.

彼はすぐにこの激しい争いの始まりが何であったかを理解した。

« Aa-ah ! » s'écria François en soutien au chien brun.

「あーあ！」フランソワは茶色の犬を応援するように叫びました。

« Frappez-le ! Par Dieu, punissez ce voleur sournois ! »

「ぶちのめしてやる！神に誓って、あの卑劣な泥棒を罰せよ！」

Spitz a montré une volonté égale et une impatience folle de se battre.

スピッツも同様の覚悟と激しい戦闘意欲を示した。

Il cria de rage tout en tournant rapidement en rond, cherchant une ouverture.

彼は怒りに叫びながら、素早く旋回し、隙を探した。

Buck a montré la même soif de combat et la même prudence.

バックは、同じ戦いへの渇望と、同じ警戒心を示した。

Il a également encerclé son adversaire, essayant de prendre le dessus dans la bataille.

彼はまた、戦いで優位に立とうとして、敵の周りを回りました。

Puis quelque chose d'inattendu s'est produit et a tout changé.

それから予期せぬ出来事が起こり、すべてが変わりました。

Ce moment a retardé l'éventuelle lutte pour le leadership.

その瞬間が、リーダーシップをめぐる最終的な戦いを遅らせた。

De nombreux kilomètres de piste et de lutte attendaient encore avant la fin.

終わりまでにはまだ何マイルもの道のりと苦労が待っていた。

Perrault cria un juron tandis qu'une massue frappait un os.

棍棒が骨に打ち付けられると、ペローは罵声を浴びせた
。

Un cri aigu de douleur suivit, puis le chaos explosa tout
autour.

鋭い痛みの叫び声が続き、周囲に大混乱が広がりました
。

Des formes sombres se déplaçaient dans le camp ; des
huskies sauvages, affamés et féroces.

キャンプに暗い影が動いていた。飢えて獰猛な野生のハ
スキー犬だ。

Quatre ou cinq douzaines de huskies avaient reniflé le camp
de loin.

4、50
匹のハスキー犬が遠くからキャンプの匂いを嗅ぎ回って
いた。

Ils s'étaient glissés discrètement pendant que les deux
chiens se battaient à proximité.

二匹の犬が近くで喧嘩している間に、彼らは静かに忍び
寄っていた。

François et Perrault chargèrent en brandissant des massues
sur les envahisseurs.

フランソワとペローは侵入者に向かって棍棒を振り回し
ながら突撃した。

Les huskies affamés ont montré les dents et ont riposté avec
frénésie.

飢えたハスキー犬たちは歯をむき出しにして狂乱して反
撃した。

L'odeur de la viande et du pain les avait chassés de toute
peur.

肉とパンの匂いが彼らをすべての恐怖から駆り立てた。

Perrault battait un chien qui avait enfoui sa tête dans la
boîte à nourriture.

ペローは餌箱に頭を埋めていた犬を殴った。

Le coup a été violent et la boîte s'est retournée, la nourriture
s'est répandue.

衝撃は強く、箱はひっくり返り、食べ物がこぼれ落ちた。

En quelques secondes, une vingtaine de bêtes sauvages déchirèrent le pain et la viande.

数秒のうちに、数十頭の野獣がパンと肉を食い破りました。

Les gourdin masculins ont porté coup sur coup, mais aucun chien ne s'est détourné.

男たちは棍棒で次々と打撃を与えたが、犬は一匹も逃げなかった。

Ils hurlaient de douleur, mais se battaient jusqu'à ce qu'il ne reste plus de nourriture.

彼らは痛みに叫びましたが、食べ物がなくなるまで戦いました。

Pendant ce temps, les chiens de traîneau avaient sauté de leurs lits enneigés.

その間に、そり犬たちは雪のベッドから飛び降りた。

Ils ont été immédiatement attaqués par les huskies vicieux et affamés.

彼らはすぐに凶暴な空腹のハスキー犬に襲われました。

Buck n'avait jamais vu de créatures aussi sauvages et affamées auparavant.

バックはこれまで、このような荒々しく飢えた生き物を見たことがなかった。

Leur peau pendait librement, cachant à peine leur squelette.

彼らの皮膚は垂れ下がり、かろうじて骨格を隠しているだけだった。

Il y avait un feu dans leurs yeux, de faim et de folie

飢えと狂気から彼らの目には炎が燃えていた

Il n'y avait aucun moyen de les arrêter, aucune résistance à leur ruée sauvage.

彼らを止めることはできず、彼らの猛烈な突進に抵抗することもできなかった。

Les chiens de traîneau furent repoussés, pressés contre la paroi de la falaise.

そり犬たちは押し戻され、崖の壁に押しつけられた。

Trois huskies ont attaqué Buck en même temps, déchirant sa chair.

3匹のハスキー犬が一度にバックを襲い、彼の肉を引き裂いた。

Du sang coulait de sa tête et de ses épaules, là où il avait été coupé.

頭と肩の切り傷からは血が流れ出た。

Le bruit remplissait le camp : grognements, cris et cris de douleur.

うなり声、悲鳴、苦痛の叫びなど、騒音がキャンプに響き渡った。

Billee pleurait fort, comme d'habitude, prise dans la mêlée et la panique.

ビリーは騒動とパニックに巻き込まれ、いつものように大声で泣きました。

Dave et Solleks se tenaient côte à côte, saignant mais provocants.

デイブとソレックスは血を流しながらも反抗的に並んで立っていた。

Joe s'est battu comme un démon, mordant tout ce qui s'approchait.

ジョーは近づくものすべてに噛みつき、悪魔のように戦いました。

Il a écrasé la jambe d'un husky d'un claquement brutal de ses mâchoires.

彼は、一噛みの残忍な行為でハスキー犬の足を押し潰した。

Pike a sauté sur le husky blessé et lui a brisé le cou instantanément.

パイクは負傷したハスキー犬に飛びかかり、一瞬でその首を折った。

Buck a attrapé un husky par la gorge et lui a déchiré la veine.

バックはハスキー犬の喉を掴み、静脈を引き裂いた。

Le sang gicla et le goût chaud poussa Buck dans une frénésie.

血が飛び散り、その温かい味がバックを狂乱させた。

Il s'est jeté sur un autre agresseur sans hésitation.

彼はためらうことなく別の襲撃者に突進した。

Au même moment, des dents acérées s'enfoncèrent dans la gorge de Buck.

同時に、鋭い歯がバック自身の喉に食い込んだ。

Spitz avait frappé de côté, attaquant sans avertissement.

スピッツは警告なしに側面から攻撃した。

Perrault et François avaient vaincu les chiens en volant la nourriture.

ペローとフランソワは食べ物を盗んでいた犬を倒した。

Ils se sont alors précipités pour aider leurs chiens à repousser les attaquants.

今、彼らは犬たちが攻撃者と戦うのを手伝うために急いで駆けつけました。

Les chiens affamés se retirèrent tandis que les hommes brandissaient leurs gourdins.

男たちが棍棒を振り回すと、飢えた犬たちは退散した。

Buck s'est libéré de l'attaque, mais l'évasion a été brève.

バックは攻撃から逃れたが、逃走は短時間だった。

Les hommes ont couru pour sauver leurs chiens, et les huskies ont de nouveau afflué.

男たちは犬を救おうと走り、ハスキー犬たちは再び群がってきた。

Billee, effrayé et courageux, sauta dans la meute de chiens.

ビリーは恐怖を感じながらも勇気を出して、犬の群れの中に飛び込んだ。

Mais il s'est alors enfui sur la glace, saisi de terreur et de panique.

しかし、彼は激しい恐怖とパニックに陥り、氷の上を逃げ去った。

Pike et Dub suivaient de près, courant pour sauver leur vie.

パイクとダブもすぐ後ろを追って、命からがら逃げた。

Le reste de l'équipe s'est séparé et dispersé, les suivant.

チームの残りも散り散りになり、彼らの後を追った。

Buck rassembla ses forces pour courir, mais vit alors un éclair.

バックは逃げようと力を振り絞ったが、その時閃光を見た。

Spitz s'est jeté sur le côté de Buck, essayant de le faire tomber au sol.

スピッツはバックの横に突進し、彼を地面に倒そうとした。

Sous cette foule de huskies, Buck n'aurait eu aucune échappatoire.

あのハスキー犬の群れの下では、バックは逃げることができなかっただろう。

Mais Buck est resté ferme et s'est préparé au coup de Spitz.

しかしバックは毅然とした態度でスピッツの攻撃に備えた。

Puis il s'est retourné et a couru sur la glace avec l'équipe en fuite.

それから彼は向きを変え、逃げるチームとともに氷の上に走り出した。

Plus tard, les neuf chiens de traîneau se sont rassemblés à l'abri des bois.

その後、9頭のそり犬たちは森の避難所に集まりました。

Personne ne les poursuivait plus, mais ils étaient battus et blessés.

もう誰も彼らを追いかけなかったが、彼らは打ちのめされ、傷ついた。

Chaque chien avait des blessures ; quatre ou cinq coupures profondes sur chaque corps.

どの犬にも傷があり、体には4、5箇所の深い切り傷がありました。

Dub avait une patte arrière blessée et avait du mal à marcher maintenant.

ダブは後ろ足を負傷し、歩くのに苦労していました。

Dolly, le nouveau chien de Dyea, avait la gorge tranchée.

ダイアから来たばかりの犬、ドリーの喉は切り裂かれていた。

Joe avait perdu un œil et l'oreille de Billee était coupée en morceaux

ジョーは片目を失い、ビリーの耳は切り裂かれていた

Tous les chiens ont crié de douleur et de défaite toute la nuit.

犬たちは皆、痛みと敗北感に一晩中泣き叫んでいた。

À l'aube, ils retournèrent au camp, endoloris et brisés.

夜明けになると、彼らは痛みと疲労を抱えながらキャンプ地へと忍び戻った。

Les huskies avaient disparu, mais le mal était fait.

ハスキー犬は姿を消したが、被害はすでにあった。

Perrault et François étaient de mauvaise humeur à cause de la ruine.

ペローとフランソワは、不機嫌な気持ちで廃墟の上に立っていた。

La moitié de la nourriture avait disparu, volée par les voleurs affamés.

食べ物の半分は空腹の泥棒に奪われてしまいました。

Les huskies avaient déchiré les fixations et la toile du traîneau.

ハスキー犬はそりのつなぎ目と帆布を引き裂いてしまった。

Tout ce qui avait une odeur de nourriture avait été complètement dévoré.

食べ物の匂いのするものは、すべて食べ尽くされていました。

Ils ont mangé une paire de bottes de voyage en peau d'élan de Perrault.

彼らはペローのヘラジカ皮の旅行用ブーツを一足食べました。

Ils ont mâché des reis en cuir et ruiné des sangles au point de les rendre inutilisables.

彼らは革のレイスを噛み砕き、ストラップを使えないほどダメにしてしまった。

François cessa de fixer le fouet déchiré pour vérifier les chiens.

フランソワは引き裂かれたまつげを見つめるのをやめて、犬たちの様子を確認した。

« Ah, mes amis », dit-il d'une voix basse et pleine d'inquiétude.

「ああ、友人たちよ」と彼は低い声で、心配そうに言った。

« Peut-être que toutes ces morsures vous transformeront en bêtes folles. »

「この噛み傷であなたは狂った獣に変身してしまうかもしれないよ。」

« Peut-être que ce sont tous des chiens enragés, sacredam ! Qu'en penses-tu, Perrault ? »

「もしかしたら、みんな狂犬かもしれないよ、聖なる者よ！どう思う、ペロー？」

Perrault secoua la tête, les yeux sombres d'inquiétude et de peur.

ペローは心配と恐怖で暗い目で首を振った。

Il y avait encore quatre cents milles entre eux et Dawson.

彼らとドーソンの間にはまだ400マイルの距離があった。

La folie canine pourrait désormais détruire toute chance de survie.

今や犬の狂気は生存の可能性をすべて破壊する恐れがある。

Ils ont passé deux heures à jurer et à essayer de réparer le matériel.

彼らは2時間も罵りながらギアを修理しようとした。

L'équipe blessée a finalement quitté le camp, brisée et vaincue.

負傷したチームはついに打ちのめされ、敗北した状態でキャンプを去った。

C'était le sentier le plus difficile jusqu'à présent, et chaque pas était douloureux.

これはこれまでで最も困難な道であり、一歩一歩が苦痛
でした。

La rivière Thirty Mile n'était pas gelée et coulait à flots.

サーティーマイル川はまだ凍っておらず、激しく流れて
いた。

Ce n'est que dans les endroits calmes et les tourbillons que
la glace parvenait à tenir.

氷は、静かな場所と渦巻く場所でのみ保持されました。

Six jours de dur labeur se sont écoulés jusqu'à ce que les
trente milles soient parcourus.

30マイルを終えるまでに6日間の重労働が続いた。

Chaque kilomètre parcouru sur le sentier apportait du
danger et une menace de mort.

道の1マイルごとに危険と死の脅威が伴いました。

Les hommes et les chiens risquaient leur vie à chaque pas
douloureux.

男たちと犬たちは、痛みを伴う一歩ごとに命を危険にさ
らした。

Perrault a franchi des ponts de glace minces à une douzaine
de reprises.

ペローは薄い氷の橋を12回も突破した。

Il portait une perche et la laissait tomber sur le trou que son
corps avait fait.

彼は棒を持って、自分の体が作った穴の上にそれを落と
しました。

Plus d'une fois, ce poteau a sauvé Perrault de la noyade.

その棒はペローを何度も溺死から救った。

La vague de froid persistait, l'air était à cinquante degrés en
dessous de zéro.

寒波は依然として続き、気温は零下50度だった。

Chaque fois qu'il tombait, Perrault devait allumer un feu
pour survivre.

落ちるたびに、ペローは生き残るために火を起こさなけ
ればならなかった。

Les vêtements mouillés gelaient rapidement, alors il les
séchait près d'une source de chaleur intense.

濡れた衣類はすぐに凍ってしまうので、炎天下で乾かしました。

Aucune peur n'a jamais touché Perrault, et cela a fait de lui un courrier.

ペローには決して恐怖心はなかった、それが彼を伝令にしたのだ。

Il a été choisi pour le danger, et il l'a affronté avec une résolution tranquille.

彼は危険に選ばれ、静かな決意でそれに立ち向かった。

Il s'avança face au vent, son visage ratatiné et gelé.

彼はしわくちゃの顔を凍傷にしながら、風に向かって突き進んだ。

De l'aube naissante à la tombée de la nuit, Perrault les mena en avant.

かすかな夜明けから夜まで、ペローは彼らを先導した。

Il marchait sur une étroite bordure de glace qui se fissurait à chaque pas.

彼は、一歩ごとにひび割れる狭い氷の上を歩いた。

Ils n'osaient pas s'arrêter : chaque pause risquait de provoquer un effondrement mortel.

彼らは立ち止まることを敢えてしなかった。一時停止するたびに致命的な崩壊の危険があった。

Un jour, le traîneau s'est brisé, entraînant Dave et Buck à l'intérieur.

ある時、そりが突っ込んできて、デイブとバックを引きずり込んだ。

Au moment où ils ont été libérés, tous deux étaient presque gelés.

引きずり出されても、二人とも凍り付いている状態だった。

Les hommes ont rapidement allumé un feu pour garder Buck et Dave en vie.

男たちはバックとデイブの命を救うために急いで火を起こした。

Les chiens étaient recouverts de glace du nez à la queue, raides comme du bois sculpté.

犬たちは鼻から尾まで氷で覆われ、彫刻された木のように硬くなっていた。

Les hommes les faisaient courir en rond près du feu pour décongeler leurs corps.

男たちは彼らの体を解凍するために火のそばで彼らを円を描くように走らせた。

Ils se sont approchés si près des flammes que leur fourrure a été brûlée.

彼らは炎に非常に近づいたため、毛皮が焦げてしまいました。

Spitz a ensuite brisé la glace, entraînant l'équipe derrière lui.

次にスピッツが氷を突き破り、後ろのチームを引きずり込んだ。

La cassure s'est étendue jusqu'à l'endroit où Buck tirait.

ブレーキはバックが引っ張っていたところまで届きました。

Buck se pencha en arrière, ses pattes glissant et tremblant sur le bord.

バックは力強く後ろに傾き、端で足が滑り震えた。

Dave a également tendu vers l'arrière, juste derrière Buck sur la ligne.

デイブもまた、ライン上のバックのすぐ後ろで後ろに力を入れました。

François tirait sur le traîneau, ses muscles craquant sous l'effort.

フランソワはそりを引っ張ったが、その努力で筋肉がポキポキと音を立てた。

Une autre fois, la glace du bord s'est fissurée devant et derrière le traîneau.

また別の時には、そりの前と後ろの縁の氷が割れました。

Ils n'avaient d'autre issue que d'escalader une paroi rocheuse gelée.

彼らには凍った崖を登る以外に逃げ道がなかった。

Perrault a réussi à escalader le mur, mais un miracle l'a maintenu en vie.

ペローはなんとか壁を登り、奇跡的に生き延びた。

François resta en bas, priant pour avoir le même genre de chance.

フランソワは下に留まり、同じ幸運を祈った。

Ils ont attaché chaque sangle, chaque amarrage et chaque traçage en une seule longue corde.

彼らは、すべてのストラップ、縛り紐、ひもを 1 本の長いロープに結びました。

Les hommes ont hissé chaque chien, un par un, jusqu'au sommet.

男たちは犬を一匹ずつ、頂上まで引き上げた。

François est monté en dernier, après le traîneau et toute la charge.

フランソワはそりと荷物全体を引いて最後に登りました 。

Commença alors une longue recherche d'un chemin pour descendre des falaises.

それから崖から下る道を探す長い旅が始まりました。

Ils sont finalement descendus en utilisant la même corde qu'ils avaient fabriquée.

彼らは最終的に自分たちが作ったのと同じロープを使って下山しました。

La nuit tombait alors qu'ils retournaient au lit de la rivière, épuisés et endoloris.

彼らが疲れて痛みを抱えながら川床に戻ると、夜が明けた。

La journée entière ne leur avait permis de gagner qu'un quart de mile.

わずか4分の1マイル進むのに丸一日かかってしまった。

Au moment où ils atteignirent le Hootalinqua, Buck était épuisé.

フータリンクアに到着する頃には、バックは疲れ果てていた。

Les autres chiens ont tout autant souffert des conditions du sentier.

他の犬たちもトレイルの状況によって同じようにひどい
苦しみを味わいました。

Mais Perrault avait besoin de récupérer du temps et les
poussait chaque jour.

しかし、ペローは時間を回復する必要があり、毎日彼ら
を奮い立たせました。

Le premier jour, ils ont parcouru trente miles jusqu'à Big
Salmon.

最初の日、彼らはビッグサーモンまで30マイル旅しまし
た。

Le lendemain, ils parcoururent trente-cinq milles jusqu'à
Little Salmon.

翌日、彼らはリトルサーモンまで35マイル旅した。

Le troisième jour, ils ont parcouru quarante longs kilomètres
gelés.

3日目に彼らは40マイルの長い凍った道を進んだ。

À ce moment-là, ils approchaient de la colonie de Five
Fingers.

そのころには、彼らはファイブ・フィンガーズの集落に
近づいていた。

Les pieds de Buck étaient plus doux que les pieds durs des
huskies indigènes.

バックの足は、在来種のハスキー犬の硬い足よりも柔ら
かかった。

Ses pattes étaient devenues plus fragiles au fil des
générations civilisées.

彼の足は、文明化されてから何世代にもわたって柔らか
くなっていました。

Il y a longtemps, ses ancêtres avaient été apprivoisés par des
hommes de la rivière ou des chasseurs.

昔、彼の先祖は川の民や狩人によって飼いならされてい
ました。

Chaque jour, Buck boitait de douleur, marchant sur des
pattes à vif et douloureuses.

バックは毎日、痛みに苦しみながら、傷ついた足を引きずりながら歩いていた。

Au camp, Buck tomba comme une forme sans vie sur la neige.

キャンプ地では、バックは雪の上に死んだように倒れていた。

Bien qu'affamé, Buck ne s'est pas levé pour manger son repas du soir.

空腹であったにもかかわらず、バックは夕食を食べるために起き上がりませんでした。

François apporta sa ration à Buck, en déposant du poisson près de son museau.

フランソワはバックの鼻先に魚を置きながら、食料を運んできた。

Chaque nuit, le chauffeur frottait les pieds de Buck pendant une demi-heure.

毎晩、運転手はバックの足を30分間マッサージした。

François a même découpé ses propres mocassins pour en faire des chaussures pour chiens.

フランソワは犬用の履物を作るために自分のモカシンを切り刻むことさえしました。

Quatre chaussures chaudes ont apporté à Buck un grand et bienvenu soulagement.

4

足の暖かい靴はバックにとって大きな、ありがたい安らぎをもたらしました。

Un matin, François oublia ses chaussures et Buck refusa de se lever.

ある朝、フランソワは靴を忘れてしまい、バックは起きようとしませんでした。

Buck était allongé sur le dos, les pieds en l'air, les agitant pitoyablement.

バックは仰向けに横たわり、足を空中に上げて哀れそうに振り回していた。

Même Perrault sourit à la vue de l'appel dramatique de Buck.

ペローでさえ、バックの劇的な嘆願を見て笑みを浮かべた。

Bientôt, les pieds de Buck devinrent durs et les chaussures purent être jetées.

すぐにバックの足は硬くなり、靴は捨てられるようになりました。

À Pelly, pendant le temps du harnais, Dolly laissait échapper un hurlement épouvantable.

ペリーでは、ハーネスを着けている間、ドリーは恐ろしい遠吠えを上げました。

Le cri était long et rempli de folie, secouant chaque chien.

その叫び声は長く、狂気に満ちており、すべての犬を震え上がらせた。

Chaque chien se hérissait de peur sans en connaître la raison.

どの犬も理由もわからず恐怖に震えていた。

Dolly était devenue folle et s'était jetée directement sur Buck.

ドリーは気が狂って、まっすぐにバックに向かって突進した。

Buck n'avait jamais vu la folie, mais l'horreur remplissait son cœur.

バックは狂気を見たことがなかったが、恐怖が彼の心を満たした。

Sans réfléchir, il se retourna et s'enfuit, complètement paniqué.

彼は何も考えずに、パニックに陥り、振り返って逃げ出した。

Dolly le poursuivit, les yeux fous, la salive s'échappant de ses mâchoires.

ドリーは目を輝かせ、口からよだれを飛ばしながら彼を追いかけました。

Elle est restée juste derrière Buck, sans jamais gagner ni reculer.

彼女はバックのすぐ後ろを走り続け、追いつくことも後退することもなかった。

Buck courut à travers les bois, le long de l'île, sur de la glace déchiquetée.

バックは森を抜け、島を下り、ギザギザの氷の上を走った。

Il traversa vers une île, puis une autre, revenant vers la rivière.

彼は一つの島へ渡り、それからまた別の島へ渡り、川へ戻っていった。

Dolly le poursuivait toujours, son grognement le suivant de près à chaque pas.

それでもドリーはうなり声をあげながら一歩一歩彼を追いかけ続けた。

Buck pouvait entendre son souffle et sa rage, même s'il n'osait pas regarder en arrière.

バックは彼女の息づかいや怒りの声が聞こえたが、振り返る勇気はなかった。

François cria de loin, et Buck se tourna vers la voix.

フランソワが遠くから叫び、バックはその声の方へ振り返った。

Encore à bout de souffle, Buck courut, plaçant tout espoir en François.

まだ息を切らしながら、バックはフランソワにすべての希望を託して走り去った。

Le conducteur du chien leva une hache et attendit que Buck passe à toute vitesse.

犬の御者は斧を掲げて、雄鹿が通り過ぎるのを待った。

La hache s'abattit rapidement et frappa la tête de Dolly avec une force mortelle.

斧は素早く振り下ろされ、致命的な力でドリーの頭を打ちました。

Buck s'est effondré près du traîneau, essoufflé et incapable de bouger.

バックはそりの近くで倒れ、ゼーゼーと息を切らして動けなくなった。

Ce moment a donné à Spitz l'occasion de frapper un ennemi épuisé.

その瞬間、スピッツは疲れ切った敵を攻撃するチャンスを得た。

Il a mordu Buck à deux reprises, déchirant la chair jusqu'à l'os blanc.

彼はバックを二度嚙み、白い骨まで肉を引き裂いた。

Le fouet de François claqua, frappant Spitz avec toute sa force et sa fureur.

フランソワの鞭が鳴り響き、猛烈な勢いでスピッツを襲った。

Buck regarda avec joie Spitz recevoir sa raclée la plus dure jusqu'à présent.

バックはスピッツがこれまでで最もひどい殴打を受けるのを喜びながら見守った。

« C'est un diable, ce Spitz », murmura sombrement Perrault pour lui-même.

「あのスピッツは悪魔だ」ペローは暗い声で独り言を言った。

« Un jour prochain, ce maudit chien tuera Buck, je le jure. »

「近いうちに、あの呪われた犬がバックを殺すだろう。誓って。」

« Ce Buck a deux démons en lui », répondit François en hochant la tête.

「あのバックには悪魔が二ついるよ」フランソワはうなずきながら答えた。

« Quand je regarde Buck, je sais que quelque chose de féroce l'attend. »

「バックを見ていると、彼の中に何か恐ろしいものが待ち受けていることが分かる。」

« Un jour, il deviendra fou comme le feu et mettra Spitz en pièces. »

「ある日、彼は激怒してスピッツをバラバラに引き裂くだろう。」

« Il va mâcher ce chien et le recracher sur la neige gelée. »

「彼はその犬を嚙み砕いて、凍った雪の上に吐き出すでしょう。」

« Bien sûr que non, je le sais au plus profond de moi. »

「確かに、私は骨の髄までそれを知っています。」

À partir de ce moment-là, les deux chiens étaient engagés dans une guerre.

その瞬間から、二匹の犬は戦い始めた。

Spitz a dirigé l'équipe et a conservé le pouvoir, mais Buck a contesté cela.

スピッツはチームを率いて権力を握っていたが、バックはそれに挑戦した。

Spitz a vu son rang menacé par cet étrange étranger du Sud.

スピッツは、この奇妙な南国の異邦人によって自分の階級が脅かされていると感じた。

Buck ne ressemblait à aucun autre chien du sud que Spitz avait connu auparavant.

バックはスピッツがこれまで知っていたどの南部の犬とも違っていた。

La plupart d'entre eux ont échoué, trop faibles pour survivre au froid et à la faim.

彼らのほとんどは失敗しました。寒さと飢えに耐えるには弱すぎたのです。

Ils sont morts rapidement à cause du travail, du gel et de la lenteur de la famine.

彼らは労働、寒さ、そして徐々に進行する飢餓によって急速に死んでいった。

Buck se démarquait : plus fort, plus intelligent et plus sauvage chaque jour.

バックは際立っていた。日に日に強くなり、賢くなり、そして獰猛になっていった。

Il a prospéré dans les difficultés, grandissant jusqu'à égaler les huskies du Nord.

彼は困難を乗り越えて、北部のハスキー犬に匹敵するほどに成長した。

Buck avait de la force, une habileté sauvage et un instinct patient et mortel.

バックは力強さ、優れた技術、そして忍耐強い致命的な本能を持っていました。

L'homme avec la massue avait fait perdre à Buck toute témérité.

棍棒を持った男はバックから無謀さを叩き出した。

La fureur aveugle avait disparu, remplacée par une ruse silencieuse et un contrôle.

盲目的な怒りは消え、静かな狡猾さと制御が取って代わりました。

Il attendait, calme et primitif, guettant le bon moment.

彼は落ち着いて原始的な態度で、適切な瞬間を待ちました。

Leur lutte pour le commandement est devenue inévitable et claire.

彼らの指揮権をめぐる争いは避けられず、明らかになった。

Buck désirait être un leader parce que son esprit l'exigeait.

バックは、彼の精神がリーダーシップを要求したため、リーダーシップを望んだ。

Il était poussé par l'étrange fierté née du sentier et du harnais.

彼は、道と馬具から生まれた奇妙なプライドによって突き動かされていた。

Cette fierté a poussé les chiens à tirer jusqu'à ce qu'ils s'effondrent sur la neige.

そのプライドのせいで、犬たちは雪の上に倒れるまで引っ張った。

L'orgueil les a poussés à donner toute la force qu'ils avaient.

プライドが彼らを誘惑し、持てる力のすべてを捧げさせた。

L'orgueil peut attirer un chien de traîneau jusqu'à la mort.

プライドは犬ぞりを死に至らしめることもある。

La perte du harnais a laissé les chiens brisés et sans but.

ハーネスを失った犬たちは、壊れて目的を失ってしまいました。

Le cœur d'un chien de traîneau peut être brisé par la honte lorsqu'il prend sa retraite.

そり犬は引退すると、恥ずかしさで心が押しつぶされて
しまうことがあります。

Dave vivait avec cette fierté alors qu'il tirait le traîneau par
derrière.

デイブはそりを後ろから引っ張りながら、その誇りを胸
に生きていた。

Solleks, lui aussi, a tout donné avec une force et une loyauté
redoutables.

ソレックスもまた、厳しい強さと忠誠心ですべてを捧げ
ました。

Chaque matin, l'orgueil les faisait passer de l'amertume à la
détermination.

毎朝、プライドが彼らの苦々しい思いを決意に変えた。

Ils ont poussé toute la journée, puis sont restés silencieux à
la fin du camp.

彼らは一日中押し続け、キャンプの終わりに沈黙した。

Cette fierté a donné à Spitz la force de battre les tire-au-
flanc.

その誇りがスピッツに怠け者を従わせる強さを与えた。

Spitz craignait Buck parce que Buck portait cette même
fierté profonde.

バックもスピッツと同じ強いプライドを持っていたので
、スピッツはバックを恐れていた。

L'orgueil de Buck s'est alors retourné contre Spitz, et il ne
s'est pas arrêté.

バックのプライドはスピッツに対して今や燃え上がり、
止まらなかった。

Buck a défié le pouvoir de Spitz et l'a empêché de punir les
chiens.

バックはスピッツの権力に逆らい、彼が犬を罰するのを
阻止した。

Lorsque les autres échouaient, Buck s'interposait entre eux et
leur chef.

他の人たちが失敗したとき、バックは彼らと彼らのリー
ダーの間に立ちました。

Il l'a fait intentionnellement, en rendant son défi ouvert et clair.

彼は意図的にこれを実行し、自分の挑戦を公然と明確にしました。

Une nuit, une forte neige a recouvert le monde d'un profond silence.

ある夜、大雪が降り、深い静寂が世界を覆いました。

Le lendemain matin, Pike, paresseux comme toujours, ne se leva pas pour aller travailler.

翌朝、相変わらず怠け者のパイクは仕事に起きなかった。

Il est resté caché dans son nid sous une épaisse couche de neige.

彼は厚い雪の層の下の巣の中に隠れていた。

François a appelé et cherché, mais n'a pas pu trouver le chien.

フランソワは大声で叫びながら探しましたが、犬を見つけることはできませんでした。

Spitz devint furieux et se précipita à travers le camp couvert de neige.

スピッツは激怒し、雪に覆われたキャンプを突撃した。

Il grogna et renifla, creusant frénétiquement avec des yeux flamboyants.

彼はうなり声をあげ、鼻をすすり、燃えるような目で狂ったように掘り続けた。

Sa rage était si féroce que Pike tremblait sous la neige de peur.

彼の怒りは非常に激しく、パイクは雪の下で恐怖で震え上がった。

Lorsque Pike fut finalement retrouvé, Spitz se précipita pour punir le chien qui se cachait.

パイクがようやく見つかったとき、スピッツは隠れている犬を罰するために突進しました。

Mais Buck s'est précipité entre eux avec une fureur égale à celle de Spitz.

しかし、バックはスピッツに匹敵する激怒で彼らの間に飛び込んだ。

L'attaque fut si soudaine et intelligente que Spitz tomba.

その攻撃はあまりにも突然で巧妙だったので、スピッツは転倒してしまった。

Pike, qui tremblait, puisa du courage dans ce défi.

震えていたパイクはこの反抗に勇気を得た。

Il sauta sur le Spitz tombé, suivant l'exemple audacieux de Buck.

彼はバックの大胆な例に倣い、倒れたスピッツに飛びかかった。

Buck, n'étant plus tenu par l'équité, a rejoint la grève contre Spitz.

もはや公平さに縛られなくなったバックは、スピッツへの攻撃に加わった。

François, amusé mais ferme dans sa discipline, balançait son lourd fouet.

フランソワは面白がりながらも規律を守り、重い鞭を振り回した。

Il frappa Buck de toutes ses forces pour mettre fin au combat.

彼は喧嘩を止めるために全力でバックを殴った。

Buck a refusé de bouger et est resté au sommet du chef tombé.

バックは動くことを拒否し、倒れたリーダーの上に留まりました。

François a ensuite utilisé le manche du fouet, frappant Buck durement.

フランソワはその後、鞭の柄を使ってバックを激しく殴った。

Titubant sous le coup, Buck recula sous l'assaut.

打撃でよろめき、バックは攻撃を受けて後ろに倒れた。

François frappait encore et encore tandis que Spitz punissait Pike.

スピッツがパイクに罰を与えている間、フランソワは何度も攻撃を続けた。

Les jours passèrent et Dawson City se rapprocha de plus en plus.

日が経ち、ドーソン・シティはどんどん近づいてきました。

Buck n'arrêtait pas d'intervenir, se glissant entre le Spitz et les autres chiens.

バックはスピッツと他の犬の間に入り込み、邪魔をし続けました。

Il choisissait bien ses moments, attendant toujours que François parte.

彼はタイミングをうまく選び、常にフランソワが去るのを待っていた。

La rébellion silencieuse de Buck s'est propagée et le désordre a pris racine dans l'équipe.

バックの静かな反抗は広がり、チーム内に混乱が広がった。

Dave et Solleks sont restés fidèles, mais d'autres sont devenus indisciplinés.

デイブとソレックスは忠実であり続けたが、他の者は手に負えなくなった。

L'équipe est devenue de plus en plus agitée, querelleuse et hors de propos.

チームはますます悪化し、落ち着きがなく、口論が激しくなり、規律が乱れるようになりました。

Plus rien ne fonctionnait correctement et les bagarres devenaient courantes.

何もかもがスムーズにいかなくなり、喧嘩が頻繁に起こるようになりました。

Buck est resté au cœur des troubles, provoquant toujours des troubles.

バックは常に騒動の中心にいて、不安を引き起こし続けた。

François restait vigilant, effrayé par le combat entre Buck et Spitz.

フランソワはバックとスピッツの戦いを恐れて警戒を続けた。

Chaque nuit, des bagarres le réveillaient, craignant que le commencement n'arrive enfin.

毎晩、乱闘で目が覚め、ついに始まりが来たのではないかと不安になった。

Il sauta de sa robe, prêt à mettre fin au combat.

彼はローブから飛び降り、戦いを止める準備をした。

Mais le moment n'arriva jamais et ils atteignirent finalement Dawson.

しかしその瞬間は来ず、彼らはついにドーソンに到着した。

L'équipe est entrée dans la ville un après-midi sombre, tendu et calme.

ある荒涼とした午後、チームは緊張と静寂に包まれながら町に入った。

La grande bataille pour le leadership était encore en suspens dans l'air glacial.

主導権をめぐる大戦争の余韻がまだ凍り付いていた。

Dawson était rempli d'hommes et de chiens de traîneau, tous occupés à travailler.

ドーソンには男たちとそり犬がいっぱいいて、皆仕事に忙しそうだった。

Buck regardait les chiens tirer des charges du matin au soir.

バックは朝から晩まで犬たちが荷物を引くのを見ていた。

Ils transportaient des bûches et du bois de chauffage et acheminaient des fournitures vers les mines.

彼らは丸太や薪を運び、鉱山まで物資を輸送した。

Là où les chevaux travaillaient autrefois dans le Southland, les chiens travaillent désormais.

かつて南部では馬が働いていたが、今では犬が働くようになった。

Buck a vu quelques chiens du Sud, mais la plupart étaient des huskies ressemblant à des loups.

バックは南部の犬を何匹か見かけたが、ほとんどはオオ
カミのようなハスキー犬だった。

La nuit, comme une horloge, les chiens élevaient la voix
pour chanter.

夜になると、まるで時計仕掛けのように、犬たちは歌声
を上げた。

À neuf heures, à minuit et à nouveau à trois heures, les
chants ont commencé.

9時、真夜中、そして再び3時に歌が始まりました。

Buck aimait se joindre à leur chant étrange, au son sauvage
et ancien.

バックは、荒々しく古風な響きを持つ彼らの不気味な詠
唱に参加するのが大好きだった。

Les aurores boréales flamboyaient, les étoiles dansaient et la
neige recouvrait le pays.

オーロラが輝き、星が踊り、大地は雪に覆われました。

Le chant des chiens s'éleva comme un cri contre le silence et
le froid glacial.

犬の歌声は静寂と厳しい寒さに対する叫びとして響き渡
った。

Mais leur hurlement contenait de la tristesse, et non du défi,
dans chaque longue note.

しかし、彼らの遠吠えの一つ一つの長い音には、反抗心
ではなく悲しみが込められていた。

Chaque cri plaintif était plein de supplications, le fardeau de
la vie elle-même.

それぞれの泣き叫びは嘆願に満ちており、人生そのもの
の重荷でした。

Cette chanson était vieille, plus vieille que les villes et plus
vieille que les incendies.

その歌は古い。町よりも古く、火事よりも古い。

Cette chanson était encore plus ancienne que les voix des
hommes.

その歌は人間の声よりもさらに古いものだった。

C'était une chanson du monde des jeunes, quand toutes les
chansons étaient tristes.

それは、すべての歌が悲しいものだった若い世界の歌でした。

La chanson portait la tristesse d'innombrables générations de chiens.

その歌には数え切れない世代の犬たちの悲しみが込められていた。

Buck ressentait profondément la mélodie, gémissant de douleur enracinée dans les âges.

バックはそのメロディーを深く感じ、何年にもわたる痛みにうめき声をあげた。

Il sanglotait d'un chagrin aussi vieux que le sang sauvage dans ses veines.

彼は、自分の血管に流れる野生の血と同じくらい古い悲しみで泣きじゃくった。

Le froid, l'obscurité et le mystère ont touché l'âme de Buck.

寒さ、暗さ、そして謎がバックの魂に触れた。

Cette chanson prouvait à quel point Buck était revenu à ses origines.

その歌はバックがいかに原点に戻ったかを証明した。

À travers la neige et les hurlements, il avait trouvé le début de sa propre vie.

雪と遠吠えを通して、彼は自分自身の人生の始まりを見つけた。

Sept jours après leur arrivée à Dawson, ils repartent.

ドーソンに到着してから7日後、彼らは再び出発した。

L'équipe est descendue de la caserne jusqu'au sentier du Yukon.

チームは兵舎からユーコントレイルへと下りました。

Ils ont commencé le voyage de retour vers Dyea et Salt Water.

彼らはダイアとソルトウォーターへ戻る旅を始めました。

Perrault portait des dépêches encore plus urgentes qu'auparavant.

ペローは以前よりもさらに緊急な伝言を伝えた。

Il était également saisi par la fierté du sentier et avait pour objectif d'établir un record.

彼はまた、トレイルでの誇りにとらわれ、記録樹立を目指しました。

Cette fois, plusieurs avantages étaient du côté de Perrault.

今回は、ペロー側にいくつかの有利な点がありました。

Les chiens s'étaient reposés pendant une semaine entière et avaient repris des forces.

犬たちは丸一週間休んで体力を回復しました。

Le sentier qu'ils avaient ouvert était maintenant damé par d'autres.

彼らが切り開いた道は、今では他の人々によって固く踏み固められていた。

À certains endroits, la police avait stocké de la nourriture pour les chiens et les hommes.

警察は場所によっては犬用と人間用の食料を備蓄していた。

Perrault voyageait léger, se déplaçait rapidement et n'avait pas grand-chose pour l'alourdir.

ペローは荷物をほとんど持たずに、軽やかに、速く旅をしました。

Ils ont atteint Sixty-Mile, une course de cinquante milles, dès la première nuit.

彼らは初日の夜までに、50マイルの行程である60マイル地点に到達した。

Le deuxième jour, ils se sont précipités sur le Yukon en direction de Pelly.

2日目、彼らはユーコン川をペリーに向かって急いだ。

Mais ces beaux progrès ont été accompagnés de beaucoup de difficultés pour François.

しかし、このような素晴らしい進歩はフランソワにとって大きな負担を伴いました。

La rébellion silencieuse de Buck avait brisé la discipline de l'équipe.

バックの静かな反抗はチームの規律を崩壊させた。

Ils ne se rassemblaient plus comme une seule bête dans les rênes.

彼らはもはや、一頭の獣のように手綱を握って協力し合うことはなかった。

Buck avait conduit d'autres personnes à la défiance par son exemple audacieux.

バックはその大胆な例によって他の人々を反抗へと導いた。

L'ordre de Spitz n'a plus été accueilli avec crainte ou respect.

スピッツの命令はもはや恐怖や尊敬の対象ではなくなった。

Les autres ont perdu leur respect pour lui et ont osé résister à son règne.

他の人々は彼に対する畏敬の念を失い、あえて彼の支配に抵抗した。

Une nuit, Pike a volé la moitié d'un poisson et l'a mangé sous les yeux de Buck.

ある夜、パイクは魚を半分盗み、バックの目の下でそれを食べました。

Une autre nuit, Dub et Joe se sont battus contre Spitz et sont restés impunis.

別の夜、ダブとジョーはスピッツと戦ったが、罰せられなかった。

Même Billee gémissait moins doucement et montrait une nouvelle vivacité.

ビリーも以前ほど甘く泣き言を言わなくなり、新たな鋭さを見せた。

Buck grognait sur Spitz à chaque fois qu'ils se croisaient.

バックはスピッツとすれ違うたびに、彼に向かって唸り声をあげた。

L'attitude de Buck devint audacieuse et menaçante, presque comme celle d'un tyran.

バックの態度は、まるでいじめっ子のように、大胆かつ威圧的なものになっていった。

Il marchait devant Spitz avec une démarche assurée, pleine de menace moqueuse.

彼は、嘲笑と脅迫に満ちた威嚇で、スピッツの前を威勢
よく歩き回った。

Cet effondrement de l'ordre s'est également propagé parmi
les chiens de traîneau.

その秩序の崩壊は犬ぞりの間でも広がった。

Ils se battaient et se disputaient plus que jamais, remplissant
le camp de bruit.

彼らはこれまで以上に喧嘩や口論を繰り返し、キャンプ
は騒音でいっぱいになった。

La vie au camp se transformait chaque nuit en un chaos
sauvage et hurlant.

キャンプ生活は毎晩、騒然とした大混乱に陥った。

Seuls Dave et Solleks sont restés stables et concentrés.

デイブとソレックスだけが落ち着いて集中力を保っていま
した。

Mais même eux sont devenus colériques à cause des
bagarres incessantes.

しかし、彼らも絶え間ない喧嘩のせいで短気になっていま
した。

François jurait dans des langues étranges et piétinait de
frustration.

フランソワは奇妙な言葉で罵り、苛立ちながら足を踏み
鳴らした。

Il s'arrachait les cheveux et criait tandis que la neige volait
sous ses pieds.

足元に雪が舞う中、彼は髪をかきむしりながら叫んだ。

Son fouet claqua sur le groupe, mais parvint à peine à les
maintenir en ligne.

彼の鞭は馬の群れを横切って飛んでいったが、かろうじ
て彼らを一列に並べることができた。

Chaque fois qu'il tournait le dos, les combats reprenaient.

彼が背を向けると、また戦いが始まった。

François a utilisé le fouet pour Spitz, tandis que Buck a
dirigé les rebelles.

フランソワはスピッツに鞭打ち刑を行い、一方バックは
反乱軍を率いた。

Chacun connaissait le rôle de l'autre, mais Buck évitait tout blâme.

両者は互いの役割を知っていたが、バックはいかなる非難も避けた。

François n'a jamais surpris Buck en train de provoquer une bagarre ou de se dérober à son travail.

フランソワはバックが喧嘩を始めたり仕事をさぼったりするのを一度も見たことがなかった。

Buck travaillait dur sous le harnais – le travail lui faisait désormais vibrer l'esprit.

バックは馬具をつけて懸命に働いた。その労働が彼の心を躍らせた。

Mais il trouvait encore plus de joie à provoquer des bagarres et du chaos dans le camp.

しかし、彼はキャンプで喧嘩や混乱を引き起こすことに、さらに大きな喜びを見出しました。

Un soir, à l'embouchure du Tahkeena, Dub fit sursauter un lapin.

ある晩、タキーナ川の河口で、ダブはウサギを驚かせました。

Il a raté la prise et le lièvre d'Amérique s'est enfui.

彼は捕まえ損ね、カンジキウサギは飛び去ってしまいました。

En quelques secondes, toute l'équipe de traîneau s'est lancée à sa poursuite en poussant des cris sauvages.

数秒のうちに、そりのチーム全員が叫びながら追いかけました。

À proximité, un camp de la police du Nord-Ouest abritait une cinquantaine de chiens huskys.

近くの北西警察のキャンプには50匹のハスキー犬が飼われていた。

Ils se sont joints à la chasse, descendant ensemble la rivière gelée.

彼らは狩りに参加し、一緒に凍った川を下りました。

Le lapin a quitté la rivière et s'est enfui dans le lit d'un ruisseau gelé.

ウサギは川から逸れて、凍った川床を駆け上がって逃げた。

Le lapin sautait légèrement sur la neige tandis que les chiens peinaient à se frayer un chemin.

犬たちが苦労しながら雪の上を歩いている間、ウサギは軽やかに雪の上をスキップしました。

Buck menait l'énorme meute de soixante chiens dans chaque virage sinueux.

バックは60匹の犬の大群を率いて、曲がりくねったカーブを曲がっていった。

Il avança, bas et impatient, mais ne put gagner du terrain.

彼は腰を低くして熱心に前進したが、前進することができなかった。

Son corps brillait sous la lune pâle à chaque saut puissant.

力強い跳躍のたびに、彼の体は青白い月の下で光り輝いた。

Devant, le lapin se déplaçait comme un fantôme, silencieux et trop rapide pour être attrapé.

前方では、ウサギが幽霊のように静かに、そして捕まえられないほど速く動いていました。

Tous ces vieux instincts – la faim, le frisson – envahirent Buck.

昔からのすべての本能、飢えや興奮がバックの体を駆け巡った。

Les humains ressentent parfois cet instinct et sont poussés à chasser avec une arme à feu et des balles.

人間は時々この本能を感じ、銃や弾丸で狩りをしたい衝動に駆られます。

Mais Buck ressentait ce sentiment à un niveau plus profond et plus personnel.

しかし、バックはこの感情をより深く、より個人的なレベルで感じたのです。

Ils ne pouvaient pas ressentir la nature sauvage dans leur sang comme Buck pouvait la ressentir.

彼らはバックのように血の中に野性を感じることはできなかった。

Il chassait la viande vivante, prêt à tuer avec ses dents et à goûter le sang.

彼は生きた肉を追いかけ、歯で殺して血を味わう覚悟をしていた。

Son corps se tendait de joie, voulant se baigner dans la vie rouge et chaude.

彼の体は喜びに張り詰め、温かい赤い生命を浴びたいと願っていた。

Une joie étrange marque le point le plus élevé que la vie puisse atteindre.

不思議な喜びは、人生が到達できる最高点を示します。

La sensation d'un pic où les vivants oublient même qu'ils sont en vie.

生きている者が生きていることさえ忘れてしまうような頂上の感覚。

Cette joie profonde touche l'artiste perdu dans une inspiration fulgurante.

この深い喜びは、燃えるようなインスピレーションに浸るアーティストの心を動かします。

Cette joie saisit le soldat qui se bat avec acharnement et n'épargne aucun ennemi.

この喜びは、激しく戦い、敵を容赦しない兵士を捕らえます。

Cette joie s'empara alors de Buck alors qu'il menait la meute dans une faim primitive.

この喜びは、原始的な飢えの中で群れを率いるバックを支配した。

Il hurla avec le cri ancien du loup, ravi par la chasse vivante.

彼は生きた追跡に興奮し、古代の狼の鳴き声で遠吠えした。

Buck a puisé dans la partie la plus ancienne de lui-même, perdue dans la nature.

バックは、野生の中で失われた自分自身の最も古い部分を掘り起こしました。

Il a puisé au plus profond de lui-même, au-delà de la mémoire, dans le temps brut et ancien.

彼は心の奥深く、過去の記憶、生々しい太古の時間へと到達した。

Une vague de vie pure a traversé chaque muscle et chaque tendon.

純粋な生命の波がすべての筋肉と腱を駆け巡りました。

Chaque saut criait qu'il vivait, qu'il traversait la mort.

それぞれの跳躍は彼が生きていること、死を乗り越えたことを叫んでいた。

Son corps s'élevait joyeusement au-dessus d'une terre calme et froide qui ne bougeait jamais.

彼の体は、決して動かない静かで冷たい大地の上を喜びに浮かんでいた。

Spitz est resté froid et rusé, même dans ses moments les plus fous.

スピッツは、最も激しい瞬間でさえ、冷静かつ狡猾なままでした。

Il quitta le sentier et traversa un terrain où le ruisseau formait une large courbe.

彼は道を離れ、小川が大きく曲がっている土地を横切った。

Buck, inconscient de cela, resta sur le chemin sinueux du lapin.

バックはそれを知らず、ウサギの曲がりくねった道を進み続けました。

Puis, alors que Buck tournait un virage, le lapin fantomatique était devant lui.

すると、バックがカーブを曲がると、幽霊のようなウサギが目の前に現れた。

Il vit une deuxième silhouette sauter de la berge devant la proie.

彼は獲物より先に岸から二番目の人影が飛び出すのを見た。

La silhouette était celle d'un Spitz, atterrissant juste sur le chemin du lapin en fuite.

その人物は、逃げるウサギの進路上に降り立ったスピッツでした。

Le lapin ne pouvait pas se retourner et a rencontré les mâchoires de Spitz en plein vol.

ウサギは向きを変えることができず、空中でスピッツの顎にぶつかりました。

La colonne vertébrale du lapin se brisa avec un cri aussi aigu que le cri d'un humain mourant.

ウサギの背骨は、死にゆく人間の叫び声と同じくらい鋭い悲鳴とともに折れた。

À ce bruit – la chute de la vie à la mort – la meute hurla fort.

その音、つまり生から死への転落の音を聞いて、群れは大きな遠吠えを上げました。

Un chœur sauvage s'éleva derrière Buck, plein de joie sombre.

暗い歓喜に満ちた激しい合唱がバックの後ろから上がった。

Buck n'a émis aucun cri, aucun son, et a chargé directement Spitz.

バックは叫び声も上げず、音も立てず、まっすぐスピッツに突進した。

Il a visé la gorge, mais a touché l'épaule à la place.

彼は喉を狙ったが、代わりに肩を打った。

Ils dégringolèrent dans la neige molle, leurs corps bloqués dans le combat.

彼らは柔らかい雪の上を転げ落ち、戦闘態勢に入った。

Spitz se releva rapidement, comme s'il n'avait jamais été renversé.

スピッツはまるで倒れたことなどなかったかのように、すぐに立ち上がった。

Il a entaillé l'épaule de Buck, puis s'est éloigné du combat.

彼はバックの肩を切りつけ、それから戦いから逃げ去った。

À deux reprises, ses dents claquèrent comme des pièges en acier, ses lèvres se retroussèrent et devinrent féroces.

彼の歯は鋼鉄の罠のように二度カチカチと音を立て、唇は歪んで凶暴になった。

Il recula lentement, cherchant un sol ferme sous ses pieds.

彼はゆっくりと後ずさりし、足元のしっかりした地面を探した。

Buck a compris le moment instantanément et pleinement.

バックはその瞬間を即座に、そして完全に理解した。

Le moment était venu ; le combat allait être un combat à mort.

その時が来た。戦いは死闘となるだろう。

Les deux chiens tournaient en rond, grognant, les oreilles plates, les yeux plissés.

二匹の犬は耳を平らにし、目を細めてうなりながら、ぐるぐる回っていました。

Chaque chien attendait que l'autre montre une faiblesse ou fasse un faux pas.

それぞれの犬は、相手が弱みを見せたり、失敗したりするのを待っていました。

Pour Buck, la scène semblait étrangement connue et profondément ancrée dans ses souvenirs.

バックにとって、その光景は不気味なほどよく知られており、深く記憶に残っていた。

Les bois blancs, la terre froide, la bataille au clair de lune.

白い森、冷たい大地、月明かりの下での戦い。

Un silence pesant emplissait le pays, profond et contre nature.

深く不自然な重苦しい沈黙が大地を満たした。

Aucun vent ne soufflait, aucune feuille ne bougeait, aucun bruit ne brisait le silence.

風も吹かず、葉も動かず、静寂を破る音もなかった。

Le souffle des chiens s'élevait comme de la fumée dans l'air glacial et calme.

凍りついた静かな空気の中で、犬たちの息が煙のように立ち上った。

Le lapin a été depuis longtemps oublié par la meute de bêtes sauvages.

ウサギは野生動物の群れから長い間忘れ去られていました。

Ces loups à moitié apprivoisés se tenaient maintenant immobiles dans un large cercle.

半分飼い慣らされた狼たちは、広い円を描いてじっと立っていました。

Ils étaient silencieux, seuls leurs yeux brillants révélaient leur faim.

彼らは静かで、光る目だけが彼らの飢えを明らかにしていた。

Leur souffle s'éleva, regardant le combat final commencer.

最後の戦いが始まるのを見ながら、彼らは息を呑んだ。

Pour Buck, cette bataille était ancienne et attendue, pas du tout étrange.

バックにとって、この戦いは古くからある予想通りのものであり、まったく奇妙なものではなかった。

C'était comme un souvenir de quelque chose qui devait arriver depuis toujours.

それは、必ず起こるはずだった何かの思い出のように感じました。

Le Spitz était un chien de combat entraîné, affiné par d'innombrables bagarres sauvages.

スピッツは数え切れないほどの野生の喧嘩によって鍛え上げられた闘犬でした。

Du Spitzberg au Canada, il a vaincu de nombreux ennemis.

スピッツベルゲンからカナダまで、彼は多くの敵を倒してきた。

Il était rempli de fureur, mais n'a jamais cédé au contrôle de la rage.

彼は激怒していたが、決して怒りを抑えることはなかった。

Sa passion était vive, mais toujours tempérée par un instinct dur.

彼の情熱は鋭かったが、常に強固な本能によって和らげられていた。

Il n'a jamais attaqué jusqu'à ce que sa propre défense soit en place.

彼は自分の防御が整うまで決して攻撃しなかった。

Buck a essayé encore et encore d'atteindre le cou vulnérable de Spitz.

バックはスピッツの無防備な首に届くよう何度も試みた。

Mais chaque coup était accueilli par un coup des dents acérées de Spitz.

しかし、あらゆる攻撃はスピッツの鋭い歯による斬撃に遭った。

Leurs crocs se sont heurtés et les deux chiens ont saigné de leurs lèvres déchirées.

彼らの牙がぶつかり合い、両方の犬の唇が裂けて血が流れた。

Peu importe comment Buck s'est lancé, il n'a pas pu briser la défense.

バックがどれだけ突進しても、防御を破ることはできなかった。

Il devint de plus en plus furieux, se précipitant avec des explosions de puissance sauvages.

彼はさらに激怒し、勢いよく突進した。

À maintes reprises, Buck frappait la gorge blanche du Spitz.

バックは何度も何度もスピッツの白い喉を襲った。

À chaque fois, Spitz esquivait et riposta avec une morsure tranchante.

そのたびにスピッツは回避し、切り裂くような噛みつきで反撃した。

Buck changea alors de tactique, se précipitant à nouveau comme pour atteindre la gorge.

それからバックは戦術を変え、再び喉を狙うかのように突進した。

Mais il s'est retiré au milieu de l'attaque, se tournant pour frapper sur le côté.

しかし彼は攻撃の途中で後退し、横から攻撃する方向に転じた。

Il a lancé son épaule sur Spitz, dans le but de le faire tomber.

彼はスピッツを倒すために肩をスピッツにぶつけた。

À chaque fois qu'il essayait, Spitz esquivait et ripostait avec une frappe.

そのたびにスピッツはかわし、斬撃で反撃した。

L'épaule de Buck était à vif alors que Spitz s'écartait après chaque coup.

スピッツが攻撃するたびに飛び退くたびに、バックの肩は擦りむけてきた。

Spitz n'avait pas été touché, tandis que Buck saignait de nombreuses blessures.

スピッツは傷ついていなかったが、バックは多くの傷から出血していた。

La respiration de Buck était rapide et lourde, son corps était couvert de sang.

バックの呼吸は速くて激しくなり、彼の体は血でぬるぬるになった。

Le combat devenait plus brutal à chaque morsure et à chaque charge.

噛みつきや突撃のたびに、戦いはより残酷なものになっていった。

Autour d'eux, soixante chiens silencieux attendaient le premier à tomber.

彼らの周りでは、60匹の静かにした犬たちが、最初の犬が倒れるのを待っていました。

Si un chien tombait, la meute allait mettre fin au combat.

一匹でも倒れたら、群れは戦いを終わらせるつもりだった。

Spitz vit Buck faiblir et commença à attaquer.

スピッツはバックが弱っているのを見て、攻撃を強め始めた。

Il a maintenu Buck en déséquilibre, le forçant à lutter pour garder pied.

彼はバックのバランスを崩し、足場を確保するために戦わせた。

Un jour, Buck trébucha et tomba, et tous les chiens se relevèrent.

ある時、バックがつまずいて転んだのですが、犬たちはみんな立ち上がりました。

Mais Buck s'est redressé au milieu de sa chute, et tout le monde s'est affalé.

しかし、バックは落下途中で体を起こし、全員が再び地面に倒れ込んだ。

Buck avait quelque chose de rare : une imagination née d'un instinct profond.

バックには稀有な何かがあった。それは深い本能から生まれた想像力だ。

Il combattait par instinct naturel, mais aussi par ruse.

彼は生来の衝動で戦ったが、同時に狡猾さでも戦った。

Il chargea à nouveau comme s'il répétait son tour d'attaque à l'épaule.

彼はまるで肩攻撃の技を繰り返すかのように再び突進した。

Mais à la dernière seconde, il s'est laissé tomber et a balayé Spitz.

しかし最後の瞬間、彼は低く身をかがめてスピッツの下をすり抜けた。

Ses dents se sont bloquées sur la patte avant gauche de Spitz avec un claquement.

彼の歯がスピッツの左前脚に噛みつき、パチンと音がした。

Spitz était maintenant instable, son poids reposant sur seulement trois pattes.

スピッツは今や、体重を三本の足にかけただけで、不安定に立っていた。

Buck frappa à nouveau, essaya trois fois de le faire tomber.

バックは再び攻撃し、3回も倒そうとした。

À la quatrième tentative, il a utilisé le même mouvement avec succès.

4回目の試みで彼は同じ動きを成功させた。

Cette fois, Buck a réussi à mordre la jambe droite du Spitz.

今度はバックがスピッツの右足を嚙むことに成功した。

Spitz, bien que paralysé et souffrant, continuait à lutter pour survivre.

スピッツは、身体が不自由で苦しみながらも、生き残るために努力し続けました。

Il vit le cercle de huskies se resserrer, la langue tirée, les yeux brillants.

彼は、ハスキー犬の輪が狭まり、舌を出し、目を輝かせているのを見た。

Ils attendaient de le dévorer, comme ils l'avaient fait pour les autres.

彼らは、他の者たちと同じように、彼を食い尽くすのを待ちました。

Cette fois, il se tenait au centre, vaincu et condamné.

今回、彼は敗北し、絶望の中で中心に立った。

Le chien blanc n'avait désormais plus aucune possibilité de s'échapper.

白い犬にはもう逃げる選択肢はなかった。

Buck n'a montré aucune pitié, car la pitié n'avait pas sa place dans la nature.

バックは慈悲を示さなかった。なぜなら、慈悲は野生にはふさわしくないからだ。

Buck se déplaçait prudemment, se préparant à la charge finale.

バックは慎重に動き、最後の突撃に備えた。

Le cercle des huskies se referma ; il sentit leur souffle chaud.

ハスキー犬の輪が近づいてきて、彼は彼らの暖かい息遣いを感じた。

Ils s'accroupirent, prêts à bondir lorsque le moment viendrait.

彼らは身をかがめ、その時が来たら飛び出せるように準備した。

Spitz tremblait dans la neige, grognant et changeant de position.

スピッツは雪の中で震え、唸り声をあげ、姿勢を変えた。

Ses yeux brillaient, ses lèvres se courbaient, ses dents
brillaient dans une menace désespérée.

彼は必死に脅すように目がギラギラと輝き、唇は歪められ、歯が光っていた。

Il tituba, essayant toujours de résister à la morsure froide de
la mort.

彼はよろめきながら、まだ死の冷たい痛みに耐えようとしていた。

Il avait déjà vu cela auparavant, mais toujours du côté des
gagnants.

彼は以前にもこれを見たことがあったが、それは常に勝利する側からの視点だった。

Il était désormais du côté des perdants, des vaincus, de la
proie, de la mort.

今、彼は負ける側、敗北者、獲物、そして死に瀕していた。

Buck tourna en rond pour porter le coup final, le cercle de
chiens se rapprochant.

バックは最後の一撃を放とうと回り、犬の輪はさらに接近した。

Il pouvait sentir leur souffle chaud, prêt à tuer.

彼は彼らの熱い息を感じた。彼らは殺す覚悟ができていた。

Un silence s'installa ; tout était à sa place ; le temps s'était
arrêté.

静寂が訪れ、すべてが整い、時間が止まった。

Même l'air froid entre eux se figea un dernier instant.

二人の間に漂う冷たい空気も、最後の瞬間に凍りついた。

Seul Spitz bougea, essayant de retenir sa fin amère.

スピッツだけが動いて、苦しみを耐え抜こうとした。

Le cercle des chiens se refermait autour de lui, comme l'était
son destin.

犬の輪が彼を取り囲み、彼の運命も迫ってきた。

Il était désespéré maintenant, sachant ce qui allait se passer.

彼はこれから何が起こるかを知って、絶望していた。

Buck bondit, épaule contre épaule une dernière fois.

バックが飛び込んできて、最後にもう一度肩がぶつかった。

Les chiens se sont précipités en avant, couvrant Spitz dans l'obscurité neigeuse.

犬たちはスピッツを雪の暗闇の中に包み込みながら突進した。

Buck regardait, debout, le vainqueur dans un monde sauvage.

バックは、野蛮な世界の勝利者として、堂々と立って見守っていた。

La bête primordiale dominante avait fait sa proie, et c'était bien.

支配的な原始の獣が獲物を仕留め、それは良かった。

Celui qui a gagné la maîtrise
マスターの地位を獲得した者

« Hein ? Qu'est-ce que j'ai dit ? Je dis vrai quand je dis que Buck est un démon. »

「え？何だって？バックは悪魔だって言ったのは本当だ」

François a dit cela le lendemain matin après avoir constaté la disparition de Spitz.

フランソワはスピッツが行方不明になっているのを発見した翌朝、こう語った。

Buck se tenait là, couvert de blessures dues au combat acharné.

バックは激しい戦いで負った傷に覆われてそこに立っていた。

François tira Buck près du feu et lui montra les blessures.

フランソワはバックを火のそばに引き寄せ、怪我を指さした。

« Ce Spitz s'est battu comme le Devik », dit Perrault en observant les profondes entailles.

「あのスピッツはデヴィクのように戦ったよ」とペローは深い切り傷を見つめながら言った。

« Et ce Buck s'est battu comme deux diables », répondit aussitôt François.

「そして、バックはまるで悪魔のように戦った」フランソワはすぐに答えた。

« Maintenant, nous allons faire du bon temps ; plus de Spitz, plus de problèmes. »

「これで順調に進むでしょう。スピッツもいなくなり、トラブルもなくなります。」

Perrault préparait le matériel et chargeait le traîneau avec soin.

ペローは用具を梱包し、そりに慎重に積み込んでいた。

François a attelé les chiens en prévision de la course du jour.

フランソワは、その日のランニングに備えて犬たちに馬具をつけた。

Buck a trotté directement vers la position de tête autrefois détenue par Spitz.

バックは、スピッツがかつて保持していた先頭の地位までまっすぐ駆け抜けた。

Mais François, sans s'en apercevoir, conduisit Solleks vers l'avant.

しかしフランソワはそれに気づかず、ソレックスを前へ導いた。

Aux yeux de François, Solleks était désormais le meilleur chien de tête.

フランソワの判断では、ソレックスが今や最高の先導犬だった。

Buck se jeta sur Solleks avec fureur et le repoussa en signe de protestation.

バックは激怒してソレックスに飛びかかり、抗議して彼を追い返した。

Il se tenait là où Spitz s'était autrefois tenu, revendiquant la position de leader.

彼はかつてスピッツが立っていた場所に立ち、トップの座を主張した。

« Hein ? Hein ? » s'écria François en se frappant les cuisses d'un air amusé.

「え？え？」フランソワは楽しそうに太ももを叩きながら叫んだ。

« Regardez Buck, il a tué Spitz, et maintenant il veut prendre le poste ! »

「バックを見てみろ、スピッツを殺したのに、今度はその仕事を奪おうとしている！」

« Va-t'en, Chook ! » cria-t-il, essayant de chasser Buck.

「あっちへ行け、チャック！」彼はバックを追い払おうと叫んだ。

Mais Buck refusa de bouger et resta ferme dans la neige.

しかしバックは動くことを拒み、雪の中にしっかりと立ち続けた。

François attrapa Buck par la peau du cou et le tira sur le côté.

フランソワはバックの首筋を掴んで、横に引きずり出した。

Buck grogna bas et menaçant mais n'attaqua pas.

雄鹿は低く威嚇するように唸ったが、攻撃はしなかった。

François a remis Solleks en tête, tentant de régler le différend

フランソワはソレックスを再びリードに戻し、争いを解決しようとした。

Le vieux chien avait peur de Buck et ne voulait pas rester.

老犬はバックを恐れ、留まりたがりませんでした。

Quand François lui tourna le dos, Buck chassa à nouveau Solleks.

フランソワが背を向けると、バックは再びソレックスを追い出した。

Solleks n'a pas résisté et s'est discrètement écarté une fois de plus.

ソレックスは抵抗せず、もう一度静かに退いた。

François s'est mis en colère et a crié : « Par Dieu, je te répare ! »

フランソワは激怒し、「神にかけて、お前を直すぞ！」と叫びました。

Il s'approcha de Buck en tenant une lourde massue à la main.

彼は重い棍棒を手に持ち、バックの方へ近づいてきた。

Buck se souvenait bien de l'homme au pull rouge.

バックは赤いセーターを着た男のことをよく覚えていた。

Il recula lentement, observant François, mais grognant profondément.

彼はフランソワを見ながら、深くうなり声を上げながらゆっくりと後退した。

Il ne s'est pas précipité en arrière, même lorsque Solleks s'est levé à sa place.

ソレックスが彼の代わりに立っても、彼は急いで戻りませんでした。

Buck tourna en rond juste hors de portée, grognant de fureur et de protestation.

バックは怒りと抗議の唸り声を上げながら、手の届かないところを旋回した。

Il gardait les yeux fixés sur le gourdin, prêt à esquiver si François lançait.

彼はフランソワがクラブを投げたら避けられるように、クラブから目を離さなかった。

Il était devenu sage et prudent quant aux manières des hommes armés.

彼は武器を持った男たちのやり方について賢くなり、用心深くなった。

François abandonna et rappela Buck à son ancienne place.

フランソワは諦めて、バックをまた元の場所へ呼びました。

Mais Buck recula prudemment, refusant d'obéir à l'ordre.

しかしバックは慎重に後ずさりし、命令に従うことを拒否した。

François le suivit, mais Buck ne recula que de quelques pas supplémentaires.

フランソワも後を追ったが、バックはほんの数歩後退しただけだった。

Après un certain temps, François jeta l'arme par frustration.

しばらくして、フランソワは苛立ちから武器を投げ捨てた。

Il pensait que Buck craignait d'être battu et qu'il allait venir tranquillement.

バックは殴られるのを恐れて、静かに来るつもりだと彼は思った。

Mais Buck n'évitait pas la punition : il se battait pour son rang.

しかし、バックは処罰を逃れていたのではなく、地位を得るために戦っていたのです。

Il avait gagné la place de chien de tête grâce à un combat à mort.

彼は死闘を繰り広げてリーダーの座を獲得した

il n'allait pas se contenter de moins que d'être le leader.
彼はリーダーであること以外には満足するつもりはなか
った。

Perrault a participé à la poursuite pour aider à attraper le
Buck rebelle.
ペローは反抗的な雄鹿を捕まえるのを手伝うために追跡
に加わった。

Ensemble, ils l'ont fait courir dans le camp pendant près
d'une heure.
二人は一緒に、彼をキャンプ場の周りで1時間近く走ら
せた。

Ils lui lancèrent des coups de massue, mais Buck les esquiva
habilement.
彼らは彼に棍棒を投げつけたが、バックはそれを巧みに
かわした。

Ils l'ont maudit, lui, ses ancêtres, ses descendants et chaque
cheveu de sa personne.
彼らは彼と彼の先祖、彼の子孫、そして彼の髪の毛一本
一本を呪った。

Mais Buck se contenta de gronder en retour et resta hors de
leur portée.
しかしバックは唸り声をあげるだけで、彼らの手の届か
ないところに留まりました。

Il n'a jamais essayé de s'enfuir mais a délibérément tourné
autour du camp.
彼は決して逃げようとはせず、故意にキャンプの周りを
回り続けた。

Il a clairement fait savoir qu'il obéirait une fois qu'ils lui
auraient donné ce qu'il voulait.
彼は、彼らが自分の望むものをくれたら従うつもりであ
ることを明らかにした。

François s'est finalement assis et s'est gratté la tête avec
frustration.
フランソワはついに座り込み、イライラしながら頭を掻
いた。

Perrault consulta sa montre, jura et marmonna à propos du temps perdu.

ペローは時計を確認し、悪態をつき、失われた時間についてぶつぶつ言った。

Une heure s'était déjà écoulée alors qu'ils auraient dû être sur la piste.

彼らが出発するはずだった時間には、すでに1時間が経過していた。

François haussa les épaules d'un air penaud en direction du coursier, qui soupira de défaite.

フランソワは、敗北感にため息をついた配達人に向かって、恥ずかしそうに肩をすくめた。

François se dirigea alors vers Solleks et appela Buck une fois de plus.

それからフランソワはソレックスのところまで歩いて行き、もう一度バックに呼びかけました。

Buck rit comme rit un chien, mais garda une distance prudente.

バックは犬が笑うように笑ったが、慎重な距離を保っていた。

François retira le harnais de Solleks et le remit à sa place.

フランソワはソレックスのハーネスを外し、彼を元の場所に戻した。

L'équipe de traîneau était entièrement harnachée, avec seulement une place libre.

そりチームはハーネスを完全に装着して立っており、空いている場所は 1 つだけでした。

La position de tête est restée vide, clairement destinée à Buck seul.

首位の座は空席のままで、明らかにバック一人の座になるはずだった。

François appela à nouveau, et à nouveau Buck rit et tint bon.

フランソワは再び呼びかけたが、バックはまた笑って自分の立場を守った。

« Jetez le gourdin», ordonna Perrault sans hésitation.

「棍棒を投げろ」ペローはためらうことなく命令した。

François obéit et Buck trotta immédiatement en avant,
fièrement.

フランソワは従い、バックはすぐに誇らしげに前へ進み
出た。

Il rit triomphalement et prit la tête.

彼は勝ち誇ったように笑い、先頭に立った。

François a sécurisé ses traces et le traîneau a été détaché.

フランソワは足場を固め、そりは外れた。

Les deux hommes couraient côte à côte tandis que l'équipe
s'engageait sur le sentier de la rivière.

チームが川沿いの道を駆け抜ける間、二人は並んで走っ
た。

François avait une haute opinion des « deux diables » de
Buck,

フランソワはバックの「二人の悪魔」を高く評価してい
た。

mais il s'est vite rendu compte qu'il avait en fait sous-estimé
le chien.

しかし、彼はすぐに、実は犬を過小評価していたことに
気づいた。

Buck a rapidement pris le leadership et a fait preuve
d'excellence.

バック氏はすぐにリーダーシップを発揮し、優れた成果
を上げました。

En termes de jugement, de réflexion rapide et d'action, Buck
a surpassé Spitz.

判断力、素早い思考、素早い行動力において、バックは
スピッツを上回った。

François n'avait jamais vu un chien égal à celui que Buck
présentait maintenant.

フランソワはバックが今見せているような犬を見たこと
がなかった。

Mais Buck excellait vraiment dans l'art de faire respecter
l'ordre et d'imposer le respect.

しかし、バックは秩序を強制し、尊敬を集めることに本
当に優れていました。

Dave et Solleks ont accepté le changement sans inquiétude ni protestation.

デイブとソレックスは、懸念や抗議もなく、その変更を受け入れました。

Ils se concentraient uniquement sur le travail et tiraient fort sur les rênes.

彼らは仕事と手綱を強く引くことだけに集中した。

Peu leur importait de savoir qui menait, tant que le traîneau continuait d'avancer.

そりが動き続ける限り、誰が先頭に立つかはあまり気にしなかった。

Billee, la joyeuse, aurait pu diriger pour autant qu'ils s'en soucient.

明るい性格のビリーなら、どんなことでもリーダーとして活躍できただろう。

Ce qui comptait pour eux, c'était la paix et l'ordre dans les rangs.

彼らにとって重要なのは、部隊内の平和と秩序だった。

Le reste de l'équipe était devenu indiscipliné pendant le déclin de Spitz.

スピッツの衰退とともに、チームの残りのメンバーも手に負えない状態になっていった。

Ils furent choqués lorsque Buck les ramena immédiatement à l'ordre.

バックがすぐに彼らに秩序を促したので、彼らは衝撃を受けた。

Pike avait toujours été paresseux et traînait les pieds derrière Buck.

パイクはいつも怠け者で、バックの後ろで足を引きずっていた。

Mais maintenant, il a été sévèrement discipliné par la nouvelle direction.

しかし、今では新しい指導部によって厳しく規律されています。

Et il a rapidement appris à faire sa part dans l'équipe.

そして彼はすぐにチーム内で自分の役割を果たすことを学んだ。

À la fin de la journée, Pike avait travaillé plus dur que jamais.

その日の終わりまでに、パイクはこれまで以上に一生懸命働きました。

Cette nuit-là, au camp, Joe, le chien aigri, fut finalement maîtrisé.

その晩のキャンプで、気難しい犬のジョーはようやく落ち着きました。

Spitz n'avait pas réussi à le discipliner, mais Buck n'avait pas échoué.

スピッツは彼を懲らしめることに失敗したが、バックは失敗しなかった。

Grâce à son poids plus important, Buck a vaincu Joe en quelques secondes.

バックは自分の体重を利用して、数秒でジョーを圧倒しました。

Il a mordu et battu Joe jusqu'à ce qu'il gémisse et cesse de résister.

彼はジョーが泣き声をあげて抵抗をやめるまで、嚙みつき、殴り続けた。

Toute l'équipe s'est améliorée à partir de ce moment-là.

その瞬間からチーム全体が成長しました。

Les chiens ont retrouvé leur ancienne unité et leur discipline.

犬たちは昔の団結と規律を取り戻した。

À Rink Rapids, deux nouveaux huskies indigènes, Teek et Koona, nous ont rejoint.

リンク・ラピッズには、2匹の新しい在来種のハスキー犬、ティークとクーナが加わりました。

La rapidité avec laquelle Buck les dressa étonna même François.

バックの素早い訓練はフランソワさえも驚かせた。

« Il n'y a jamais eu de chien comme ce Buck ! » s'écria-t-il avec stupéfaction.

「あのバックみたいな犬は今までいなかったよ！」彼は驚いて叫んだ。

« Non, jamais ! Il vaut mille dollars, bon sang ! »

「いいえ、絶対にありません！彼は1000ドルの価値があるんです！」

« Hein ? Qu'en dis-tu, Perrault ? » demanda-t-il avec fierté.

「え？どう思う、ペロー？」彼は誇らしげに尋ねた。

Perrault hocha la tête en signe d'accord et vérifia ses notes.

ペローは同意してうなずき、メモを確認した。

Nous sommes déjà en avance sur le calendrier et gagnons chaque jour davantage.

すでに予定より進んでおり、日々成果が上がっています。

Le sentier était dur et lisse, sans neige fraîche.

道は固く締まっていて滑らかで、新雪はありませんでした。

Le froid était constant, oscillant autour de cinquante degrés en dessous de zéro.

寒さはずっと続き、ずっと零下50度を保っていました。

Les hommes montaient et couraient à tour de rôle pour se réchauffer et gagner du temps.

男たちは暖をとり、時間を稼ぐために交代で馬に乗ったり走ったりした。

Les chiens couraient vite avec peu d'arrêts, poussant toujours vers l'avant.

犬たちはほとんど止まることなく、常に前へ前へと速く走り続けました。

La rivière Thirty Mile était en grande partie gelée et facile à traverser.

サーティマイル川は大部分が凍っていて、渡るのは容易でした。

Ils sont sortis en un jour, ce qui leur avait pris dix jours pour venir.

入ってくるのに10日かかったものを、彼らは1日で出かけました。

Ils ont parcouru une distance de soixante milles du lac Le Barge jusqu'à White Horse.

彼らはレイク・ル・バージからホワイト・ホースまで60マイルを疾走した。

À travers les lacs Marsh, Tagish et Bennett, ils se déplaçaient incroyablement vite.

彼らはマーシュ湖、タギッシュ湖、ベネット湖を信じられないほどの速さで移動しました。

L'homme qui courait était tiré derrière le traîneau par une corde.

走っている男はロープでそりの後ろを引っ張られていた。

La dernière nuit de la deuxième semaine, ils sont arrivés à destination.

2週目の最後の夜、彼らは目的地に到着しました。

Ils avaient atteint ensemble le sommet du col White.

彼らは一緒にホワイトパスの頂上に到達した。

Ils sont descendus au niveau de la mer avec les lumières de Skaguay en dessous d'eux.

彼らはスカグアイの灯りを眼下に海面まで降下した。

Il s'agissait d'une course record à travers des kilomètres de nature froide et sauvage.

それは何マイルにも及ぶ寒い荒野を横断する記録的なランニングだった。

Pendant quatorze jours d'affilée, ils ont parcouru en moyenne quarante miles.

彼らは14日間連続で平均40マイルを走りました。

À Skaguay, Perrault et François transportaient des marchandises à travers la ville.

スカグアイでは、ペローとフランソワが町を通って貨物を運んだ。

Ils ont été acclamés et ont reçu de nombreuses boissons de la part d'une foule admirative.

彼らは称賛する群衆から歓声を浴び、たくさんの飲み物を勧められた。

Les chasseurs de chiens et les ouvriers se sont rassemblés autour du célèbre attelage de chiens.

有名な犬ぞりチームの周りには犬退治屋や作業員たちが集まっていた。

Puis les hors-la-loi de l'Ouest arrivèrent en ville et subirent une violente défaite.

その後、西部の無法者たちが町にやって来て、激しい敗北を喫した。

Les gens ont vite oublié l'équipe et se sont concentrés sur un nouveau drame.

人々はすぐにそのチームのことを忘れ、新たなドラマに注目した。

Puis sont arrivées les nouvelles commandes qui ont tout changé d'un coup.

その後、すべてを一気に変える新たな命令が下されました。

François appela Buck à lui et le serra dans ses bras avec une fierté larmoyante.

フランソワはバックを呼び寄せ、涙を浮かべながら誇りを持って抱きしめた。

Ce moment fut la dernière fois que Buck revit François.

その瞬間が、バックがフランソワに再び会った最後の瞬間だった。

Comme beaucoup d'hommes avant eux, François et Perrault étaient tous deux partis.

以前の多くの人々と同じように、フランソワとペローの両者もいなくなっていた。

Un métis écossais a pris en charge Buck et ses coéquipiers de chiens de traîneau.

スコットランドの混血種がバックと彼のそり犬仲間の指揮を執った。

Avec une douzaine d'autres équipes de chiens, ils sont retournés par le sentier jusqu'à Dawson.

彼らは他の12頭の犬ぞりとともに、小道に沿ってドーソンまで戻った。

Ce n'était plus une course rapide, juste un travail pénible avec une lourde charge chaque jour.

今は速く走ることはできず、毎日重い荷物を背負ってただ重労働を続けているだけだ。

C'était le train postal qui apportait des nouvelles aux chercheurs d'or près du pôle.

これは、北極点付近の金採掘者に知らせを届ける郵便列車でした。

Buck n'aimait pas le travail mais le supportait bien, étant fier de ses efforts.

バックはその仕事が嫌いだったが、自分の努力に誇りを持ってよく耐えた。

Comme Dave et Solleks, Buck a fait preuve de dévouement dans chaque tâche quotidienne.

デイブやソレックスと同様に、バックも日々のあらゆる仕事に献身的な姿勢を示しました。

Il s'est assuré que chacun de ses coéquipiers fasse sa part du travail.

彼はチームメイトがそれぞれ自分の役割を果たすようにした。

La vie sur les sentiers est devenue ennuyeuse, répétée avec la précision d'une machine.

トレイルでの生活は機械の精度で繰り返される退屈なものとなった。

Chaque jour était le même, un matin se fondant dans le suivant.

毎日が同じように感じられ、ある朝が次の朝へと溶け合っていくようでした。

À la même heure, les cuisiniers se levèrent pour allumer des feux et préparer la nourriture.

同じ時間に、料理人たちは起き上がり、火を起こして食事の準備をしました。

Après le petit-déjeuner, certains quittèrent le camp tandis que d'autres attelèrent les chiens.

朝食後、何人かはキャンプを出発し、他の人たちは犬に手綱をつけた。

Ils ont pris la route avant que le faible avertissement de l'aube ne touche le ciel.

夜明けの薄暗い光が空に届く前に、彼らは出発した。

La nuit, ils s'arrêtaient pour camper, chaque homme ayant une tâche précise.

夜になると、彼らは立ち止まってキャンプを設営し、各自が定められた任務を遂行した。

Certains ont monté les tentes, d'autres ont coupé du bois de chauffage et ramassé des branches de pin.

ある者はテントを張り、ある者は薪を切り、松の枝を集める。

De l'eau ou de la glace étaient ramenées aux cuisiniers pour le repas du soir.

水や氷は夕食のために料理人のもとへ運ばれました。

Les chiens ont été nourris et c'était le meilleur moment de la journée pour eux.

犬たちには餌が与えられ、それが犬たちにとって一日で一番楽しい時間でした。

Après avoir mangé du poisson, les chiens se sont détendus et se sont allongés près du feu.

魚を食べた後、犬たちは火のそばでくつろぎ、くつろいでいました。

Il y avait une centaine d'autres chiens dans le convoi avec lesquels se mêler.

護送隊の中には、一緒に遊べる他の犬が 100匹ほどいました。

Beaucoup de ces chiens étaient féroces et prompts à se battre sans prévenir.

それらの犬の多くは獰猛で、警告なしにすぐに戦闘を始めた。

Mais après trois victoires, Buck a maîtrisé même les combattants les plus féroces.

しかし、3回の勝利を経て、バックは最も獰猛な戦士たちさえも打ち負かした。

Maintenant, quand Buck grogna et montra ses dents, ils s'écartèrent.

バックがうなり声をあげて歯をむき出すと、彼らは脇に
退いた。

Mais le plus beau dans tout ça, c'est que Buck aimait
s'allonger près du feu de camp vacillant.

おそらく何よりも、バックは揺らめくキャンプファイヤ
ーのそばに横たわるのが大好きだった。

Il s'accroupit, les pattes arrière repliées et les pattes avant
tendues vers l'avant.

彼は後ろ足を折り曲げ、前足を前に伸ばしてしゃがんで
いました。

Sa tête était levée tandis qu'il cligna doucement des yeux
devant les flammes rougeoyantes.

彼は頭を上げて、輝く炎を見つめながらそっと瞬きした
。

Parfois, il se souvenait de la grande maison du juge Miller à
Santa Clara.

彼は時々、サンタクララにあるミラー判事の大きな家を
思い出す。

Il pensait à la piscine en ciment, à Ysabel et au carlin appelé
Toots.

彼はセメントのプール、イザベル、そしてトゥーツとい
う名のパグ犬のことを考えた。

Mais le plus souvent, il se souvenait du gourdin de l'homme
au pull rouge.

しかし、彼は赤いセーターを着た男の棍棒のことをより
頻繁に思い出した。

Il se souvenait de la mort de Curly et de sa bataille acharnée
contre Spitz.

彼は縮れたの死とスピッツとの激しい戦いを思い出した
。

Il se souvenait aussi des bons plats qu'il avait mangés ou
dont il rêvait encore.

彼はまた、自分が食べたことのある、あるいはまだ夢に
見たおいしい食べ物のことを思い出した。

Buck n'avait pas le mal du pays : la vallée chaude était
lointaine et irréelle.

バックはホームシックにはなっていなかった。暖かい谷は遠く離れていて、非現実的だった。

Les souvenirs de Californie n'avaient plus vraiment d'influence sur lui.

カリフォルニアの思い出はもはや彼にとって何ら魅力を持たなくなっていた。

Plus forts que la mémoire étaient les instincts profondément ancrés dans sa lignée.

記憶よりも強かったのは、彼の血統の奥深くに宿る本能だった。

Les habitudes autrefois perdues étaient revenues, ravivées par le sentier et la nature sauvage.

かつて失われた習慣が、道と自然によって蘇り、戻ってきた。

Tandis que Buck regardait la lumière du feu, cela devenait parfois autre chose.

バックが火の明かりを見つめていると、時々それは別のものに変わっていった。

Il vit à la lueur du feu un autre feu, plus vieux et plus profond que celui-ci.

彼は火の光の中に、今の火よりも古くて深いもう一つの火を見た。

À côté de cet autre feu se tenait accroupi un homme qui ne ressemblait pas au cuisinier métis.

そのもう一つの火のそばには、混血の料理人とは違う男がうずくまっていた。

Cette figurine avait des jambes courtes, de longs bras et des muscles durs et noués.

この人物は短い脚と長い腕、そして硬く結びついた筋肉を持っていました。

Ses cheveux étaient longs et emmêlés, tombant en arrière à partir des yeux.

彼の髪は長くて絡まり、目から後ろに傾いていた。

Il émit des sons étranges et regarda l'obscurité avec peur.

彼は奇妙な音を立て、恐怖に怯えながら暗闇を見つめていた。

Il tenait une massue en pierre basse, fermement serrée dans sa longue main rugueuse.

彼は石の棍棒を、長くて荒れた手でしっかりと握りしめ、低く掲げた。

L'homme portait peu de vêtements ; juste une peau carbonisée qui pendait dans son dos.

その男はほとんど何も身につけておらず、背中に焼けた皮膚が垂れ下がっているだけだった。

Son corps était couvert de poils épais sur les bras, la poitrine et les cuisses.

彼の体は腕、胸、太ももにかけて濃い毛で覆われていた。

Certaines parties des cheveux étaient emmêlées en plaques de fourrure rugueuse.

毛の一部が絡まってざらざらした毛並みになっていました。

Il ne se tenait pas droit mais penché en avant des hanches jusqu'aux genoux.

彼はまっすぐに立っていなくて、腰から膝まで前かがみになっていました。

Ses pas étaient élastiques et félins, comme s'il était toujours prêt à bondir.

彼の足取りは弾力があって猫のようで、いつでも飛び上がる準備ができているかのようだった。

Il y avait une vive vigilance, comme s'il vivait dans une peur constante.

常に恐怖の中で暮らしているかのように、鋭い警戒心がありました。

Cet homme ancien semblait s'attendre au danger, que le danger soit perçu ou non.

この古代人は、危険が見えるかどうかに関わらず、危険を予期していたようでした。

Parfois, l'homme poilu dormait près du feu, la tête entre les jambes.

毛深い男は時々、足の間に頭を挟んで火のそばで眠った。

Ses coudes reposaient sur ses genoux, ses mains jointes au-dessus de sa tête.

彼は肘を膝の上に置いて、両手を頭の上で組んでいた。

Comme un chien, il utilisait ses bras velus pour se débarrasser de la pluie qui tombait.

彼は犬のように毛むくじゃらの腕を使って降り注ぐ雨を払いのけた。

Au-delà de la lumière du feu, Buck vit deux charbons jumeaux briller dans l'obscurité.

火の明かりの向こうで、バックは暗闇の中で二つの炭が光っているのを見た。

Toujours deux par deux, ils étaient les yeux des bêtes de proie traquantes.

それらは常に二つずつ並んで、追跡する猛禽類の目でした。

Il entendit des corps s'écraser à travers les broussailles et des bruits se faire entendre dans la nuit.

彼は、藪を突き破って人が倒れる音や、夜に立てられた物音を聞いた。

Allongé sur la rive du Yukon, clignant des yeux, Buck rêvait près du feu.

バックはユーコン川の岸に横たわり、まばたきをしながら火のそばで夢を見ていた。

Les images et les sons de ce monde sauvage lui faisaient dresser les cheveux sur la tête.

その荒々しい世界の光景と音に、彼の髪は逆立った。

La fourrure s'élevait le long de son dos, de ses épaules et de son cou.

毛は背中、肩、そして首まで伸びていました。

Il gémissait doucement ou émettait un grognement sourd au plus profond de sa poitrine.

彼は小さくすすり泣いたり、胸の奥で低い唸り声を上げたりした。

Alors le cuisinier métis cria : « Hé, toi Buck, réveille-toi ! »

すると混血のコックが叫んだ。「おい、バック、起きろ！」

Le monde des rêves a disparu et la vraie vie est revenue aux yeux de Buck.
夢の世界は消え去り、現実の生活がバックの目に戻った。

Il allait se lever, s'étirer et bâiller, comme s'il venait de se réveiller d'une sieste.
彼は、まるで昼寝から目覚めたかのように、起き上がって伸びをし、あくびをするつもりだった。

Le voyage était difficile, avec le traîneau postal qui traînait derrière eux.
郵便そりを引きずる旅は大変だった。

Les lourdes charges et le travail pénible épuisaient les chiens à chaque longue journée.
重い荷物と厳しい仕事で、犬たちは長い一日を疲れ果てて過ごした。

Ils arrivèrent à Dawson maigres, fatigués et ayant besoin de plus d'une semaine de repos.
彼らは痩せて疲れ果て、1週間以上の休息を必要とする状態でドーソンに到着した。

Mais seulement deux jours plus tard, ils repartaient sur le Yukon.
しかし、わずか2日後、彼らは再びユーコン川を下って出発した。

Ils étaient chargés de lettres supplémentaires destinées au monde extérieur.
それらには外の世界へ送られるさらに多くの手紙が積まれていた。

Les chiens étaient épuisés et les hommes se plaignaient constamment.
犬たちは疲れ果てており、男たちは絶えず不平を言っていた。

La neige tombait tous les jours, ramollissant le sentier et ralentissant les traîneaux.
雪は毎日降り、道は柔らかくなり、そりの速度は遅くなった。

Cela a rendu la traction plus difficile et a entraîné plus de traînée sur les patins.

これにより、ランナーを引っ張る力が強くなり、抵抗が大きくなりました。

Malgré cela, les pilotes étaient justes et se souciaient de leurs équipes.

それにもかかわらず、ドライバーたちは公平で、チームを気遣っていました。

Chaque nuit, les chiens étaient nourris avant que les hommes ne puissent manger.

毎晩、男たちが食事をする前に犬たちに餌が与えられました。

Aucun homme ne dormait avant de vérifier les pattes de son propre chien.

自分の犬の足をチェックしないで寝る人はいません。

Cependant, les chiens s'affaiblissaient à mesure que les kilomètres s'écoulaient sur leur corps.

それでも、犬たちは長距離を走るにつれて体が弱っていった。

Ils avaient parcouru mille huit cents kilomètres pendant l'hiver.

彼らは冬の間、1800マイルを旅した。

Ils ont tiré des traîneaux sur chaque kilomètre de cette distance brutale.

彼らはその過酷な距離を1マイルごとにそりを引いて移動した。

Même les chiens de traîneau les plus robustes ressentent de la tension après tant de kilomètres.

最も丈夫なそり犬でも、何マイルも走ると疲れを感じます。

Buck a tenu bon, a permis à son équipe de travailler et a maintenu la discipline.

バックは粘り強く、チームに仕事を続けさせ、規律を保った。

Mais Buck était fatigué, tout comme les autres pendant le long voyage.

しかし、バックは他の長旅の人たちと同じように疲れていました。

Billee gémissait et pleurait dans son sommeil chaque nuit sans faute.

ビリーは毎晩必ず寝ている間にすすり泣きました。

Joe devint encore plus amer et Solleks resta froid et distant.

ジョーはさらに苦々しくなり、ソレックスは冷たく距離を置いたままでした。

Mais c'est Dave qui a le plus souffert de toute l'équipe.

しかし、チーム全体の中で最も被害を受けたのはデイブでした。

Quelque chose n'allait pas en lui, même si personne ne savait quoi.

彼の中で何かがおかしくなったが、それが何なのか誰も知らなかった。

Il est devenu de plus en plus maussade et s'en est pris aux autres avec une colère croissante.

彼は気分が悪くなり、怒りが増して他人に怒鳴りつけるようになった。

Chaque nuit, il se rendait directement à son nid, attendant d'être nourri.

毎晩、彼はまっすぐ巣へ行き、餌をもらうのを待ちました。

Une fois tombé, Dave ne s'est pas relevé avant le matin.

一度倒れると、デイブは朝まで起き上がらなかった。

Sur les rênes, des secousses ou des sursauts brusques le faisaient crier de douleur.

手綱を引いていると、突然の衝撃や発進で馬は痛みで叫び声をあげた。

Son chauffeur a recherché la cause du sinistre, mais n'a constaté aucune blessure.

運転手は原因を調べたが、彼に怪我は見つからなかった。

Tous les conducteurs ont commencé à regarder Dave et ont discuté de son cas.

ドライバー全員がデイブに注目し、彼のケースについて話し合いました。

Ils ont discuté pendant les repas et pendant leur dernière cigarette de la journée.

彼らは食事中やその日の最後の喫煙中に話をした。

Une nuit, ils ont tenu une réunion et ont amené Dave au feu.

ある夜、彼らは会議を開き、デイブを火のそばに連れて行きました。

Ils pressèrent et sondèrent son corps, et il cria souvent.

彼らは彼の体を圧迫したり調べたりしたので、彼は何度も叫び声をあげた。

De toute évidence, quelque chose n'allait pas, même si aucun os ne semblait cassé.

骨は折れていないようだったが、明らかに何かがおかしい。

Au moment où ils atteignirent Cassiar Bar, Dave était en train de tomber.

彼らがカシアーバーに着いたとき、デイブは倒れていました。

Le métis écossais a appelé à la fin et a retiré Dave de l'équipe.

スコットランドの混血児は試合を中止し、デイブをチームから外した。

Il a attaché Solleks à la place de Dave, le plus près de l'avant du traîneau.

彼はソレックスをデイブのところ、そりの前部に一番近いところに固定した。

Il avait l'intention de laisser Dave se reposer et courir librement derrière le traîneau en mouvement.

彼はデイブを休ませ、動いているそりの後ろで自由に走らせるつもりだった。

Mais même malade, Dave détestait être privé du travail qu'il avait occupé.

しかし、病気であっても、デイブは自分が持っていた仕事から外されることを嫌っていました。

Il grogna et gémit tandis que les rênes étaient retirées de son corps.

手綱が体から引き抜かれると、彼はうなり声をあげ、すすり泣いた。

Quand il vit Solleks à sa place, il pleura de douleur.

彼は、自分の代わりにソレックスが立っているのを見て、心が痛むあまり泣いた。

La fierté du travail sur les sentiers était profonde chez Dave, même à l'approche de la mort.

死が近づいていても、トレイルの仕事に対する誇りはデイブの中に深く残っていた。

Alors que le traîneau se déplaçait, Dave pataugeait dans la neige molle près du sentier.

そりが進むにつれて、デイブは道の近くの柔らかい雪の上をよろめきながら進んだ。

Il a attaqué Solleks, le mordant et le poussant du côté du traîneau.

彼はソレックスを攻撃し、噛みつき、そりの横から押し出した。

Dave a essayé de sauter dans le harnais et de récupérer sa place de travail.

デイブはハーネスに飛び乗って自分の作業場所を取り戻そうとしました。

Il hurlait, gémissait et pleurait, déchiré entre la douleur et la fierté du travail.

彼は出産の痛みと誇りの間で引き裂かれ、わめき声を上げ、泣き言を言い、泣き叫んだ。

Le métis a utilisé son fouet pour essayer de chasser Dave de l'équipe.

混血児は鞭を使ってデイブをチームから追い出そうとした。

Mais Dave ignora le coup de fouet, et l'homme ne put pas le frapper plus fort.

しかしデイブは鞭打ちを無視し、男はそれ以上強く打つことはできなかった。

Dave a refusé le chemin le plus facile derrière le traîneau, où la neige était tassée.

デイブは、雪が積もったそりの後ろのより楽な道を拒否した。

Au lieu de cela, il se débattait dans la neige profonde à côté du sentier, dans la misère.

その代わりに、彼は道の脇の深い雪の中で、悲惨な思いをしながらもがき続けました。

Finalement, Dave s'est effondré, allongé dans la neige et hurlant de douleur.

結局、デイブは倒れ、雪の上に横たわり、痛みに泣き叫びました。

Il cria tandis que le long train de traîneaux le dépassait un par un.

長い列のそりが次々と彼の前を通り過ぎるたびに、彼は叫びました。

Pourtant, avec ce qu'il lui restait de force, il se leva et trébucha après eux.

それでも、残った力を振り絞って、彼は立ち上がり、よろめきながら彼らの後を追った。

Il l'a rattrapé lorsque le train s'est arrêté à nouveau et a retrouvé son vieux traîneau.

列車が再び止まったとき、彼は追いつき、古いそりを見つけました。

Il a dépassé les autres équipes et s'est retrouvé à nouveau aux côtés de Solleks.

彼は他のチームを追い越して、再びソレックスの隣に立った。

Alors que le conducteur s'arrêtait pour allumer sa pipe, Dave saisit sa dernière chance.

運転手がパイプに火をつけるために立ち止まったとき、デイブは最後のチャンスをつかんだ。

Lorsque le chauffeur est revenu et a crié, l'équipe n'a pas avancé.

運転手が戻ってきて叫んだが、チームは前進しなかった。

Les chiens avaient tourné la tête, déconcertés par l'arrêt
soudain.
犬たちは突然の停止に戸惑い、頭を振り返った。
Le conducteur était également choqué : le traîneau n'avait
pas avancé d'un pouce.
運転手もショックを受けた。そりは1インチも前に進ん
でいなかったのだ。
Il a appelé les autres pour qu'ils viennent voir ce qui s'était
passé.
彼は他の人たちに何が起こったのか見に来るように呼び
かけた。
Dave avait mâché les rênes de Solleks, les brisant toutes les
deux.
デイブはソレックスの手綱を噛み切って、両方とも壊し
てしまった。
Il se tenait maintenant devant le traîneau, de retour à sa
position légitime.
今、彼は本来の位置に戻り、そりの前に立っていました
。
Dave leva les yeux vers le conducteur, le suppliant
silencieusement de rester dans les traces.
デイブは運転手を見上げて、車線から外れないよう静か
に懇願した。
Le conducteur était perplexe, ne sachant pas quoi faire pour
le chien en difficulté.
運転手は、もがいている犬をどうしたらいいのかわからら
ず困惑した。
Les autres hommes parlaient de chiens qui étaient morts
après avoir été emmenés dehors.
他の男たちは、外に連れ出されて死んだ犬について話し
た。
Ils ont parlé de chiens âgés ou blessés dont le cœur se brisait
lorsqu'ils étaient abandonnés.
彼らは、置き去りにされて心が張り裂けそうな老犬や怪
我をした犬の話をした。

Ils ont convenu que c'était une preuve de miséricorde de laisser Dave mourir alors qu'il était encore dans son harnais.

彼らは、デイブがハーネスをつけたまま死なせるのが慈悲であると同意した。

Il était attaché au traîneau et Dave tirait avec fierté.

彼はそりに再び固定され、デイブは誇らしげにそりを引っ張りました。

Même s'il criait parfois, il travaillait comme si la douleur pouvait être ignorée.

彼は時々叫び声をあげながらも、痛みを無視するかのように働き続けた。

Plus d'une fois, il est tombé et a été traîné avant de se relever.

彼は一度ならず転倒し、引きずられてから再び立ち上がった。

Un jour, le traîneau l'a écrasé et il a boité à partir de ce moment-là.

ある時、そりが彼の上を転がり落ち、彼はその時から足を引きずるようになった。

Il travailla néanmoins jusqu'à ce qu'il atteigne le camp, puis s'allongea près du feu.

それでも彼はキャンプ地に着くまで働き、その後火のそばに横たわった。

Le matin, Dave était trop faible pour voyager ou même se tenir debout.

朝になると、デイブは歩くことも、まっすぐ立つこともできないほど衰弱していました。

Au moment de l'attelage, il essaya d'atteindre son conducteur avec un effort tremblant.

馬具を装着する時間になると、彼は震える力で御者に近づこうとした。

Il se força à se relever, tituba et s'effondra sur le sol enneigé.

彼は無理やり起き上がり、よろめいて雪の地面に倒れ込んだ。

À l'aide de ses pattes avant, il a traîné son corps vers la zone de harnais.

彼は前足を使って、ハーネスエリアに向かって体を引き
ずっていった。

Il s'avança, pouce par pouce, vers les chiens de travail.
彼は働く犬たちに向かって、一歩ずつ前進した。

Ses forces l'abandonnèrent, mais il continua d'avancer dans
sa dernière poussée désespérée.
彼は力が尽きたが、最後の必死の努力で動き続けた。

Ses coéquipiers l'ont vu haleter dans la neige, impatients de
les rejoindre.
チームメイトたちは、彼が雪の中で息を切らしながらも
、まだ彼らに加わることを切望しているのを見た。

Ils l'entendirent hurler de tristesse alors qu'ils quittaient le
camp.
彼らがキャンプを後にしたとき、彼が悲しみに暮れて叫
んでいるのが聞こえた。

Alors que l'équipe disparaissait dans les arbres, le cri de
Dave résonna derrière eux.
チームが木々の中に消えていくと、デイブの叫び声が背
後で響き渡った。

Le train de traîneaux s'est brièvement arrêté après avoir
traversé un tronçon de forêt fluviale.
そり列車は川沿いの林道を横切った後、しばらく停止し
た。

Le métis écossais retourna lentement vers le camp situé
derrière lui.
スコットランドの混血児は、後ろのキャンプに向かって
ゆっくりと歩いていった。

Les hommes ont arrêté de parler quand ils l'ont vu quitter le
train de traîneaux.
男たちは彼がそり隊から去るのを見て、話すのをやめた
。

Puis un coup de feu retentit clairement et distinctement de
l'autre côté du sentier.
そのとき、一発の銃声が道の向こうにはっきりと響き渡
った。

L'homme revint rapidement et reprit sa place sans un mot.

男は何も言わずすぐに戻ってきて、自分の席に着いた。

Les fouets claquaient, les cloches tintaient et les traîneaux roulaient dans la neige.

鞭が鳴り、鈴が鳴り、そりは雪の中を進んでいった。

Mais Buck savait ce qui s'était passé, et tous les autres chiens aussi.

しかし、バックは何が起こったのかを知っていました。
他の犬たちも同様でした。

Le travail des rênes et du sentier
手綱と道の苦労

Trente jours après avoir quitté Dawson, le Salt Water Mail atteignit Skaguay.

ドーソンを出発してから30日後、ソルト・ウォーター・メール号はスカグアイに到着した。

Buck et ses coéquipiers ont pris la tête, arrivant dans un état pitoyable.

バックと彼のチームメイトは先頭を走り、悲惨な状態で到着した。

Buck était passé de cent quarante à cent quinze livres.

バックの体重は140ポンドから115ポンドに減っていました。

Les autres chiens, bien que plus petits, avaient perdu encore plus de poids.

他の犬たちは、小さかったにもかかわらず、さらに体重が減っていました。

Pike, autrefois un faux boiteux, traînait désormais derrière lui une jambe véritablement blessée.

かつては偽の足を引きずっていたパイクは、今は本当に怪我をした足を引きずっている。

Solleks boitait beaucoup et Dub avait une omoplate déchirée.

ソレックスはひどく足を引きずっており、ダブは肩甲骨を捻挫していた。

Tous les chiens de l'équipe avaient mal aux pieds après des semaines passées sur le sentier gelé.

チームの犬たちは全員、凍った道を数週間歩き続けたため足が痛かった。

Ils n'avaient plus aucun ressort dans leurs pas, seulement un mouvement lent et traînant.

彼らの足取りにはもう弾力はなく、ただゆっくりと、引きずるように動いているだけだった。

Leurs pieds heurtent durement le sentier, chaque pas ajoutant plus de tension à leur corps.

彼らの足は道を強く踏みしめ、一歩ごとに彼らの体にかかる負担は増していった。

Ils n'étaient pas malades, seulement épuisés au-delà de toute guérison naturelle.

彼らは病気だったわけではなく、ただ自然治癒できないほど衰弱していただけだった。

Ce n'était pas la fatigue d'une dure journée, guérie par une nuit de repos.

これは、一晩休めば治る、一日のハードな疲れではありませんでした。

C'était un épuisement qui s'était construit lentement au fil de mois d'efforts épuisants.

それは何ヶ月にもわたる厳しい努力によって徐々に蓄積された疲労でした。

Il ne leur restait plus aucune force de réserve : ils avaient épuisé toutes leurs forces.

予備兵力は残っていなかった――彼らは持てる力をすべて使い果たしてしまったのだ。

Chaque muscle, chaque fibre et chaque cellule de leur corps étaient épuisés et usés.

彼らの体のあらゆる筋肉、繊維、細胞は消耗し、すり減っていました。

Et il y avait une raison : ils avaient parcouru deux mille cinq cents kilomètres.

そして、それには理由があった。彼らは2500マイルもの距離を移動していたのだ。

Ils ne s'étaient reposés que cinq jours au cours des mille huit cents derniers kilomètres.

彼らは最後の1800マイルの間にたった5日間しか休んでいなかった。

Lorsqu'ils arrivèrent à Skaguay, ils semblaient à peine capables de se tenir debout.

スカグアイに到着したとき、彼らはほとんど直立できない状態だった。

Ils ont lutté pour garder les rênes serrées et rester devant le traîneau.

彼らは手綱をしっかり握ってそりより前に出ようと奮闘
した。

Dans les descentes, ils ont tout juste réussi à éviter d'être
écrasés.

下り坂では、彼らは轢かれるのをなんとか避けることが
できた。

« Continuez, pauvres pieds endoloris », dit le chauffeur
tandis qu'ils boitaient.

「痛む足よ、進め、哀れな者たちよ」と、運転手は足を
引きずりながら言った。

« C'est la dernière ligne droite, après quoi nous aurons tous
droit à un long repos, c'est sûr. »

「これが最後の区間です。その後は必ず全員長い休息が
取れます。」

« Un très long repos », promit-il en les regardant avancer en
titubant.

「本当に長い休息だ」と彼は彼らがよろめきながら前進
するのを見ながら約束した。

Les pilotes s'attendaient à bénéficier d'une longue pause
bien méritée.

ドライバーたちは、これから長く必要な休憩が取れるだ
ろうと期待していた。

Ils avaient parcouru douze cents milles avec seulement deux
jours de repos.

彼らはたった二日間の休息で1200マイルも旅した。

Par souci d'équité et de raison, ils estimaient avoir mérité un
temps de détente.

公平さと理性から判断して、彼らはリラックスする時間
を得たと感じました。

Mais trop de gens étaient venus au Klondike et trop peu
étaient restés chez eux.

しかし、クロンダイクに来た人は多すぎ、家に残った人
は少なすぎた。

Les lettres des familles ont afflué, créant des piles de
courrier en retard.

家族からの手紙が殺到し、遅延した郵便物が山積みになった。

Les ordres officiels sont arrivés : de nouveaux chiens de la Baie d'Hudson allaient prendre le relais.

正式な命令が届き、新しいハドソン湾犬が引き継ぐことになった。

Les chiens épuisés, désormais considérés comme sans valeur, devaient être éliminés.

疲れ果てた犬たちは、今では価値がないとみなされ、処分されることになりました。

Comme l'argent comptait plus que les chiens, ils allaient être vendus à bas prix.

犬よりもお金の方が大切だったので、犬は安く売られることになった。

Trois jours supplémentaires passèrent avant que les chiens ne ressentent à quel point ils étaient faibles.

犬たちが自分たちがどれほど弱っているかを実感するまで、さらに3日が経過しました。

Le quatrième matin, deux hommes venus des États-Unis ont acheté toute l'équipe.

4 日目の朝、アメリカ人の男性 2 人がチーム全員を購入しました。

La vente comprenait tous les chiens, ainsi que leur harnais usagé.

販売対象には犬全員と、使い古したハーネスも含まれていた。

Les hommes s'appelaient mutuellement « Hal » et « Charles » lorsqu'ils concluaient l'affaire.

取引を終えると、二人は互いを「ハル」と「チャールズ」と呼び合った。

Charles était d'âge moyen, pâle, avec des lèvres molles et des pointes de moustache féroces.

チャールズは中年で、青白く、唇は弱々しく、口ひげの先端は鋭かった。

Hal était un jeune homme, peut-être âgé de dix-neuf ans, portant une ceinture bourrée de cartouches.

ハルは、弾薬を詰めたベルトを締めている、おそらく19歳くらいの若者だった。

La ceinture contenait un gros revolver et un couteau de chasse, tous deux inutilisés.

ベルトには大きなリボルバーと狩猟用ナイフが入っていたが、どちらも使われていなかった。

Cela a montré à quel point il était inexpérimenté et inapte à la vie dans le Nord.

それは彼が北部の生活にいかに経験不足で不向きであるかを示していた。

Aucun des deux hommes n'appartenait à la nature sauvage ; leur présence défiait toute raison.

どちらの男も荒野には属していなかった。彼らの存在はあらゆる理性を無視していた。

Buck a regardé l'argent échanger des mains entre l'acheteur et l'agent.

バックは買い手とエージェントの間でお金がやり取りされるのを見ていた。

Il savait que les conducteurs du train postal allaient le quitter comme les autres.

彼は、郵便列車の運転手たちが他の人々と同じように彼の人生から去っていくことを知っていた。

Ils suivirent Perrault et François, désormais irrévocables.

彼らは、今ではもう呼び戻すことのできないペローとフランソワの後を追った。

Buck et l'équipe ont été conduits dans le camp négligé de leurs nouveaux propriétaires.

バックとチームは新しいオーナーの雑然としたキャンプに連れて行かれた。

La tente s'affaissait, la vaisselle était sale et tout était en désordre.

テントはたわみ、食器は汚れ、すべてが乱雑に放置されていました。

Buck remarqua également une femme : Mercedes, la femme de Charles et la sœur de Hal.

バックはそこにいる女性にも気づいた。メルセデス、チャールズの妻でありハルの妹だった。

Ils formaient une famille complète, bien que loin d'être adaptée au sentier.

彼らはトレイルにはまったく適していなかったが、完璧な家族だった。

Buck regarda nerveusement le trio commencer à emballer les fournitures.

バックは、3人が荷物を詰め始めるのを不安そうに見守っていた。

Ils ont travaillé dur mais sans ordre, juste du grabuge et des efforts gaspillés.

彼らは一生懸命働きましたが、秩序がなく、ただ騒ぎ立てて無駄な努力をしました。

La tente a été roulée dans une forme volumineuse, beaucoup trop grande pour le traîneau.

テントはかさばる形に丸められており、そりには大きすぎました。

La vaisselle sale a été emballée sans avoir été nettoyée ni séchée du tout.

汚れた食器は全く洗浄も乾燥もされずに梱包されていました。

Mercedes voltigeait, parlant constamment, corrigeant et intervenant.

メルセデスは、あちこち飛び回りながら、絶えず話しかけたり、訂正したり、干渉したりしていた。

Lorsqu'un sac était placé à l'avant, elle insistait pour qu'il soit placé à l'arrière.

袋が前に置かれると、彼女はそれを後ろに置くよう主張しました。

Elle a mis le sac au fond, et l'instant d'après, elle en avait besoin.

彼女は袋の底に荷物を詰め込み、次の瞬間にはそれが必要になった。

Le traîneau a donc été déballé à nouveau pour atteindre le sac spécifique.

そこで、特定のバッグに到達するために、そりを再度開梱しました。

À proximité, trois hommes se tenaient devant une tente, observant la scène se dérouler.

近くでは、3人の男がテントの外に立って、その光景を見守っていた。

Ils souriaient, faisaient des clins d'œil et souriaient à la confusion évidente des nouveaux arrivants.

彼らは新参者の明らかな困惑に微笑み、ウインクし、ニヤリと笑った。

« Vous avez déjà une charge très lourde », dit l'un des hommes.

「もうかなり重い荷物を背負っているね」と男の一人が言った。

« Je ne pense pas que tu devrais porter cette tente, mais c'est ton choix. »

「そのテントを運ぶべきではないと思うが、それはあなたの選択だ。」

« Inimaginable ! » s'écria Mercedes en levant les mains de désespoir.

「夢にも思わなかった！」メルセデスは絶望して両手を上げて叫んだ。

« Comment pourrais-je voyager sans une tente sous laquelle dormir ? »

「寝るためのテントなしでどうやって旅行できるの？」

« C'est le printemps, vous ne verrez plus jamais de froid », répondit l'homme.

「春だよ。もう寒い天気は来ないよ」と男は答えた。

Mais elle secoua la tête et ils continuèrent à empiler des objets sur le traîneau.

しかし彼女は首を横に振り、彼らはそりに荷物を積み続けました。

La charge s'élevait dangereusement alors qu'ils ajoutaient les dernières choses.

最後の荷物を追加すると、荷物は危険なほど高くなりました。

« Tu penses que le traîneau va rouler ? » demanda l'un des
hommes avec un regard sceptique.

「そりは滑ると思いますか？」と男性の一人が疑わしげ
な表情で尋ねた。

« Pourquoi pas ? » rétorqua Charles, vivement agacé.

「なぜダメなんだ？」チャールズは激しく苛立ちながら
言い返した。

« Oh, ce n'est pas grave », dit rapidement l'homme,
s'éloignant de l'offense.

「ああ、大丈夫ですよ」男は攻撃的な態度を避けながら
、すぐに言った。

« Je me demandais juste – ça me semblait un peu trop lourd.
»

「ただ気になっただけです。ちょっとトップヘビーすぎ
るように見えたんです。」

Charles se détourna et attacha la charge du mieux qu'il put.

チャールズは向きを変えて、できる限り荷物を縛り付け
た。

Mais les attaches étaient lâches et l'emballage mal fait dans
l'ensemble.

しかし、縛りが緩んでおり、梱包も全体的に不十分でし
た。

« Bien sûr, les chiens tireront ça toute la journée », a dit un
autre homme avec sarcasme.

「確かに、犬たちは一日中それを引っ張るだろうね」と
別の男性が皮肉っぽく言った。

« Bien sûr », répondit froidement Hal en saisissant le long
mât du traîneau.

「もちろんだ」ハルはそりの長いジーポールを掴みなが
ら冷たく答えた。

D'une main sur le poteau, il faisait tournoyer le fouet dans
l'autre.

彼は片手で棒を持ち、もう一方の手で鞭を振り回した。

« Allons-y ! » cria-t-il. « Allez ! » exhortant les chiens à
démarrer.

「行くぞ！」と彼は叫んだ。「進め！」犬たちに出発を促した。

Les chiens se sont penchés sur le harnais et ont tendu pendant quelques instants.

犬たちはハーネスに寄りかかり、しばらく力を入れていました。

Puis ils s'arrêtèrent, incapables de déplacer d'un pouce le traîneau surchargé.

そして彼らは立ち止まり、荷物を積みすぎたそりを1インチも動かすことができなかった。

« Ces brutes paresseuses ! » hurla Hal en levant le fouet pour les frapper.

「怠け者の獣どもめ！」ハルは鞭を振り上げて奴らを殴りつけながら叫んだ。

Mais Mercedes s'est précipitée et a saisi le fouet des mains de Hal.

しかしメルセデスが駆け寄ってきてハルの手から鞭を奪い取った。

« Oh, Hal, n'ose pas leur faire de mal », s'écria-t-elle, alarmée.

「ああ、ハル、彼らを傷つけないで」彼女は驚いて叫んだ。

« Promets-moi que tu seras gentil avec eux, sinon je n'irai pas plus loin. »

「彼らに優しくすると約束してください。そうしないと私はもう一歩も進めません。」

« Tu ne connais rien aux chiens », lança Hal à sa sœur.

「君は犬のことを何も知らないね」ハルは妹に言い放った。

« Ils sont paresseux, et la seule façon de les déplacer est de les fouetter. »

「彼らは怠け者なので、彼らを動かすには鞭打つしかないのです。」

« Demandez à n'importe qui, demandez à l'un de ces hommes là-bas si vous doutez de moi. »

「誰に聞いても構いません。私を疑うなら、あそこにいる男の人に聞いてみてください。」

Mercedes regarda les spectateurs avec des yeux suppliants et pleins de larmes.

メルセデスは涙に濡れた目で懇願するような目で見物人たちを見つめた。

Son visage montrait à quel point elle détestait la vue de la douleur.

彼女の顔を見れば、どんな痛みを見るのもどれほど嫌っているかがわかった。

« Ils sont faibles, c'est tout », dit un homme. « Ils sont épuisés. »

「ただ弱っているだけだ」とある男性は言った。「疲れ切っているんだ」

« Ils ont besoin de repos, ils ont travaillé trop longtemps sans pause. »

「彼らには休息が必要です。休みなく長時間働きすぎているのです。」

« Que le repos soit maudit », murmura Hal, la lèvre retroussée.

「呪われろ」ハルは唇を歪めて呟いた。

Mercedes haleta, clairement peinée par ce mot grossier de sa part.

メルセデスは、彼のひどい言葉に明らかに傷つき、息を呑んだ。

Pourtant, elle est restée loyale et a immédiatement défendu son frère.

それでも彼女は忠誠を貫き、即座に兄を擁護した。

« Ne fais pas attention à cet homme », dit-elle à Hal. « Ce sont nos chiens. »

「あの男のことは気にしないで」と彼女はハルに言った。「あの人たちは私たちの犬よ」

« Vous les conduisez comme bon vous semble, faites ce que vous pensez être juste. »

「あなたは自分が適切だと思うように運転します。あなたが正しいと思うことをしてください。」

Hal leva le fouet et frappa à nouveau les chiens sans pitié.

ハルは鞭を振り上げ、容赦なく再び犬たちを叩いた。

Ils se sont précipités en avant, le corps bas, les pieds poussant dans la neige.

彼らは体を低くし、足を雪の中に押し付けながら前方に突進した。

Toutes leurs forces étaient utilisées pour tirer, mais le traîneau ne bougeait pas.

全員の力を込めてそりを引っ張ったが、そりは動かなかった。

Le traîneau est resté coincé, comme une ancre figée dans la neige tassée.

そりは、固まった雪の中に凍りついた錨のように動けなくなった。

Après un deuxième effort, les chiens s'arrêtèrent à nouveau, haletants.

二度目の努力の後、犬たちは激しく息を切らしながら再び立ち止まりました。

Hal leva à nouveau le fouet, juste au moment où Mercedes intervenait à nouveau.

ハルは再び鞭を振り上げたが、そのときメルセデスがまたもや介入した。

Elle tomba à genoux devant Buck et lui serra le cou.

彼女はバックの前でひざまずき、彼の首を抱きしめた。

Les larmes lui montèrent aux yeux tandis qu'elle suppliait le chien épuisé.

疲れ果てた犬に懇願する彼女の目には涙が溢れていた。

« Pauvres chéris », dit-elle, « pourquoi ne tirez-vous pas plus fort ? »

「かわいそうに」と彼女は言った。「もっと強く引っ張ったらどう？」

« Si tu tires, tu ne seras pas fouetté comme ça. »

「引っ張ったら、こんな風に鞭打たれちゃ駄目だよ」

Buck n'aimait pas Mercedes, mais il était trop fatigué pour lui résister maintenant.

バックはメルセデスが嫌いだったが、今は疲れすぎて彼女に抵抗できなかった。

Il accepta ses larmes comme une simple partie de cette journée misérable.

彼は彼女の涙を、その悲惨な一日の出来事として受け止めた。

L'un des hommes qui regardaient a finalement parlé après avoir retenu sa colère.

見ていた男の一人が、怒りを抑えてようやく口を開いた。

« Je me fiche de ce qui vous arrive, mais ces chiens comptent. »

「あなたたちに何が起ころうと構わないが、あの犬たちは大事だ。」

« Si vous voulez aider, détachez ce traîneau, il est gelé dans la neige. »

「助けたいなら、そりを解いてください。雪に凍り付いていますよ。」

« Appuyez fort sur la perche, à droite et à gauche, et brisez le sceau de glace. »

「ジーポールを左右に強く押して、氷の封印を破ってください。」

Une troisième tentative a été faite, cette fois-ci suite à la suggestion de l'homme.

3度目の試みは、今度は男性の提案に従って行われた。

Hal a balancé le traîneau d'un côté à l'autre, libérant les patins.

ハルはそりを左右に揺らして、ランナーを外した。

Le traîneau, bien que surchargé et maladroit, a finalement fait un bond en avant.

そりは、荷物を積みすぎて不格好だったが、ついによろめきながら前進した。

Buck et les autres tiraient sauvagement, poussés par une tempête de coups de fouet.

バックと他の者たちは、むち打ちの嵐に駆られて、激しく引っ張った。

Une centaine de mètres plus loin, le sentier courbait et descendait en pente dans la rue.

100ヤードほど進むと、道はカーブして道路へと続いていました。

Il aurait fallu un conducteur expérimenté pour maintenir le traîneau droit.

そりをまっすぐに保つには熟練した運転手が必要だっただろう。

Hal n'était pas habile et le traîneau a basculé en tournant dans le virage.

ハルは熟練していなかったので、そりはカーブを曲がるときに傾いてしまいました。

Les sangles lâches ont cédé et la moitié de la charge s'est répandue sur la neige.

緩んだ縛りが崩れ、荷物の半分が雪の上にこぼれ落ちた。

Les chiens ne s'arrêtèrent pas ; le traîneau le plus léger volait sur le côté.

犬たちは止まらず、軽いそりは横向きに進んでいった。

En colère à cause des mauvais traitements et du lourd fardeau, les chiens couraient plus vite.

虐待と重い荷物に怒った犬たちは、さらに速く走りました。

Buck, furieux, s'est mis à courir, suivi par l'équipe.

バックは激怒して走り出し、チームはその後を追った。

Hal a crié « Whoa ! Whoa ! » mais l'équipe ne lui a pas prêté attention.

ハルは「うわっ！うわっ！」と叫んだが、チームは彼に注意を払わなかった。

Il a trébuché, est tombé et a été traîné au sol par le harnais.

彼はつまずいて転倒し、ハーネスによって地面に引きずられました。

Le traîneau renversé l'a heurté tandis que les chiens couraient devant.

犬たちが先を走り去る中、ひっくり返ったそりが彼の上を転がり落ちた。

Le reste des fournitures est dispersé dans la rue animée de Skaguay.

残りの物資はスカグアイの賑やかな通りに散らばっていた。

Des personnes au grand cœur se sont précipitées pour arrêter les chiens et rassembler le matériel.

心優しい人々が急いで犬を止め、道具を集めました。

Ils ont également donné des conseils, directs et pratiques, aux nouveaux voyageurs.

彼らはまた、新しい旅行者に率直かつ実践的なアドバイスを与えました。

« Si vous voulez atteindre Dawson, prenez la moitié du chargement et doublez les chiens. »

「ドーソンに着きたいなら、荷物を半分にして犬を倍にしてください。」

Hal, Charles et Mercedes écoutaient, mais sans enthousiasme.

ハル、チャールズ、メルセデスは熱心ではなかったものの、耳を傾けた。

Ils ont installé leur tente et ont commencé à trier leurs provisions.

彼らはテントを張り、物資を整理し始めた。

Des conserves sont sorties, ce qui a fait rire les spectateurs.

缶詰が出てきて、見物人は大笑いした。

« Des conserves sur le sentier ? Tu vas mourir de faim avant qu'elles ne fondent », a dit l'un d'eux.

「道に缶詰があるなんて？溶ける前に餓死しちゃうよ」と、ある人は言った。

« Des couvertures d'hôtel ? Tu ferais mieux de toutes les jeter. »

「ホテルの毛布？全部捨てた方がいいですよ」

« Laissez tomber la tente aussi, et personne ne fait la vaisselle ici. »

「テントも撤去したら、ここで皿を洗う人は誰もいなくなるよ。」

« Tu crois que tu voyages dans un train Pullman avec des domestiques à bord ? »

「あなたは、乗客が乗っているプルマン列車に乗っていると思っているのですか?」

Le processus a commencé : chaque objet inutile a été jeté de côté.

プロセスが始まりました。役に立たないアイテムはすべて脇に投げ捨てられました。

Mercedes a pleuré lorsque ses sacs ont été vidés sur le sol enneigé.

メルセデスは、バッグの中身が雪の地面に空けられたとき、泣きました。

Elle sanglotait sur chaque objet jeté, un par un, sans pause.

彼女は、投げ出された品物の一つ一つを見つめながら、休むことなく泣き続けた。

Elle jura de ne plus faire un pas de plus, même pas pendant dix Charles.

彼女はもう一歩も進まないと誓った。たとえ10チャールズでも。

Elle a supplié chaque personne à proximité de la laisser garder ses objets précieux.

彼女は近くにいる人一人一人に、大切なものを預けてくれるよう頼みました。

Finalement, elle s'essuya les yeux et commença à jeter même les vêtements essentiels.

ついに彼女は目を拭いて、大切な服さえも投げ捨て始めた。

Une fois les siennes terminées, elle commença à vider les provisions des hommes.

自分のものを片付け終わると、彼女は男性用のものを空にし始めた。

Comme un tourbillon, elle a déchiré les affaires de Charles et Hal.

彼女はまるで旋風のようにチャールズとハルの持ち物を破壊した。

Même si la charge était réduite de moitié, elle était encore
bien plus lourde que nécessaire.

荷物は半分になったが、それでもまだ必要以上に重かっ
た。

Cette nuit-là, Charles et Hal sont sortis et ont acheté six
nouveaux chiens.

その夜、チャールズとハルは出かけて6匹の新しい犬を
買いました。

Ces nouveaux chiens ont rejoint les six originaux, plus Teek
et Koona.

これらの新しい犬は、元々の 6
匹と、ティークとクーナに加わりました。

Ensemble, ils formaient une équipe de quatorze chiens
attelés au traîneau.

彼らは一緒に、そりに繋がれた14匹の犬のチームを結成
しました。

Mais les nouveaux chiens n'étaient pas aptes et mal
entraînés au travail en traîneau.

しかし、新しい犬たちはそり遊びには不向きで、十分な
訓練も受けていませんでした。

Trois des chiens étaient des pointeurs à poil court et un était
un Terre-Neuve.

犬のうち3匹は短毛ポインターで、1匹はニューファンド
ランドでした。

Les deux derniers chiens étaient des bâtards sans race ni
objectif clairement définis.

最後の2匹の犬は、品種も用途もまったくわからない雑
種犬でした。

Ils n'ont pas compris le sentier et ne l'ont pas appris
rapidement.

彼らは道を理解しておらず、すぐに習得することもでき
ませんでした。

Buck et ses compagnons les regardaient avec mépris et une
profonde irritation.

バックとその仲間たちは軽蔑と強い苛立ちの気持ちで彼
らを見ていた。

Bien que Buck leur ait appris ce qu'il ne fallait pas faire, il ne pouvait pas leur enseigner le devoir.

バックは彼らに何をしてはいけないかを教えたが、義務を教える事はできなかった。

Ils n'ont pas bien supporté la vie sur les sentiers ni la traction des rênes et des traîneaux.

彼らは、山道を歩く生活や手綱やそりの引くことにあまり慣れていなかった。

Seuls les bâtards essayaient de s'adapter, et même eux manquaient d'esprit combatif.

適応しようとしたのは雑種犬だけだったが、彼らにさえ闘志が欠けていた。

Les autres chiens étaient confus, affaiblis et brisés par leur nouvelle vie.

他の犬たちは新しい生活に混乱し、弱り果て、打ちのめされました。

Les nouveaux chiens étant désemparés et les anciens épuisés, l'espoir était mince.

新しい犬たちは何も分からず、古い犬たちは疲れ果てていたので、希望は薄かった。

L'équipe de Buck avait parcouru deux mille cinq cents kilomètres de sentiers difficiles.

バックのチームは2500マイルの厳しい道を歩いた。

Pourtant, les deux hommes étaient joyeux et fiers de leur grande équipe de chiens.

それでも、二人の男は明るく、自分たちの大型犬チームを誇りに思っていた。

Ils pensaient voyager avec style, avec quatorze chiens attelés.

彼らは14匹の犬を連れて優雅に旅をしていると思っていた。

Ils avaient vu des traîneaux partir pour Dawson, et d'autres en arriver.

彼らは、ドーソンに向けて出発するそりや、そこから到着するそりを見た。

Mais ils n'en avaient jamais vu un tiré par quatorze chiens.

しかし、14匹もの犬に引かれる馬は見たことがなかった
。

Il y avait une raison pour laquelle de telles équipes étaient
rares dans la nature sauvage de l'Arctique.
北極の荒野でそのようなチームが珍しいのには理由があ
りました。

Aucun traîneau ne pouvait transporter suffisamment de
nourriture pour nourrir quatorze chiens pendant le voyage.
旅の間、14匹の犬に食べさせるのに十分な食料を運ぶこ
とのできるそりはなかった。

Mais Charles et Hal ne le savaient pas : ils avaient fait le
calcul.
しかし、チャールズとハルはそれを知らなかった――彼
らは計算していたのだ。

Ils ont planifié la nourriture : tant par chien, tant de jours, et
c'est fait.
彼らは餌の量を計算しました。犬1匹につきこれだけの
量、何日分、これで完了です。

Mercedes regarda leurs chiffres et hocha la tête comme si
cela avait du sens.
メルセデスは彼らの姿を見て、納得したかのようにうな
ずいた。

Tout cela lui semblait très simple, du moins sur le papier.
少なくとも書類の上では、彼女にとってはすべてが非常
に単純に思えた。

Le lendemain matin, Buck conduisit lentement l'équipe
dans la rue enneigée.
翌朝、バックは一行を率いて雪の積もった道をゆっくり
と登っていった。

Il n'y avait aucune énergie ni aucun esprit en lui ou chez les
chiens derrière lui.
彼にも、彼の後ろにいる犬たちにも、エネルギーも気力
もありませんでした。

Ils étaient épuisés dès le départ, il n'y avait plus de réserve.

彼らは最初からひどく疲れていて、余力は残っていませんでした。

Buck avait déjà effectué quatre voyages entre Salt Water et Dawson.

バックはすでにソルトウォーターとドーソンの間を4回往復していた。

Maintenant, confronté à nouveau à la même épreuve, il ne ressentait que de l'amertume.

今、再び同じ道に直面して、彼はただ苦々しい思いしか感じなかった。

Son cœur n'y était pas, ni celui des autres chiens.

彼の心はそこになかったし、他の犬たちの心もそこになかった。

Les nouveaux chiens étaient timides et les huskies manquaient totalement de confiance.

新しい犬たちは臆病で、ハスキー犬たちは全く信頼を寄せていなかった。

Buck sentait qu'il ne pouvait pas compter sur ces deux hommes ou sur leur sœur.

バックは、この二人の男やその妹には頼れないと感じた。

Ils ne savaient rien et ne montraient aucun signe d'apprentissage sur le sentier.

彼らは何も知らず、道中で学ぶ気配も見せなかった。

Ils étaient désorganisés et manquaient de tout sens de la discipline.

彼らは無秩序であり、規律感覚が欠如していました。

Il leur fallait à chaque fois la moitié de la nuit pour monter un campement bâclé.

毎回、雑なキャンプを設営するのに半夜かかりました。

Et ils passèrent la moitié de la matinée suivante à tâtonner à nouveau avec le traîneau.

そして彼らは翌朝の半分を再びそりをいじくり回しながら過ごした。

À midi, ils s'arrêtaient souvent juste pour réparer la charge inégale.

正午になると、荷物の不均等を修正するためだけに作業が止まることもよくありました。

Certains jours, ils parcouraient moins de dix milles au total.
ある日には、合計で10マイル未満しか移動しませんでした。

D'autres jours, ils ne parvenaient pas du tout à quitter le camp.
他の日には、キャンプからまったく出られなかった。

Ils n'ont jamais réussi à couvrir la distance alimentaire prévue.
彼らは計画していた食料調達距離をカバーすることに決して近づきませんでした。

Comme prévu, ils ont très vite manqué de nourriture pour les chiens.
予想通り、犬の餌はすぐに足りなくなってしまいました。

Ils ont aggravé la situation en les suralimentant au début.
彼らは初期の頃に餌を与えすぎたために事態を悪化させました。

À chaque ration négligée, la famine se rapprochait.
こうすると、不注意な配給のたびに飢餓が近づいていった。

Les nouveaux chiens n'avaient pas appris à survivre avec très peu.
新しい犬たちは、ほんのわずかなもので生き延びることを学んでいなかった。

Ils mangeaient avec faim, avec un appétit trop grand pour le sentier.
彼らは道中、空腹のまま食べ続けた。

Voyant les chiens s'affaiblir, Hal pensait que la nourriture n'était pas suffisante.
犬たちが弱っていくのを見て、ハルは食べ物が十分ではなかったと考えた。

Il a doublé les rations, rendant l'erreur encore pire.
彼は食料を倍増させたが、その結果、間違いはさらに悪化した。

Mercedes a aggravé le problème avec ses larmes et ses douces supplications.

メルセデスは涙と優しい嘆願で問題をさらに悪化させた。

Comme elle n'arrivait pas à convaincre Hal, elle nourrissait les chiens en secret.

ハルを説得できなかったので、彼女はこっそりと犬たちに餌を与えた。

Elle a volé des sacs de poissons et les leur a donnés dans son dos.

彼女は魚袋から盗み、彼に内緒で彼らにそれを渡した。

Mais ce dont les chiens avaient réellement besoin, ce n'était pas de plus de nourriture, mais de repos.

しかし、犬たちが本当に必要としていたのは、より多くの食べ物ではなく、休息でした。

Ils progressaient mal, mais le lourd traîneau continuait à avancer.

彼らの進みは遅かったが、重いそりは依然として引きずりながら進んでいった。

Ce poids à lui seul épuisait chaque jour leurs forces restantes.

その重さだけで、彼らの残りの体力は毎日消耗していきました。

Puis vint l'étape de la sous-alimentation, les réserves s'épuisant.

その後、食料が不足し、給餌不足の段階になりました。

Un matin, Hal s'est rendu compte que la moitié de la nourriture pour chien avait déjà disparu.

ある朝、ハルはドッグフードがすでに半分なくなっていることに気づきました。

Ils n'avaient parcouru qu'un quart de la distance totale du sentier.

彼らはトレイルの総距離の4分の1しか歩いていなかった。

On ne pouvait plus acheter de nourriture, quel que soit le prix proposé.

いくら値段をつけても、もう食べ物を買うことはできな
かった。

Il a réduit les portions des chiens en dessous de la ration
quotidienne standard.

彼は犬への餌の量を標準的な1日の配給量よりも減らし
た。

Dans le même temps, il a exigé des voyages plus longs pour
compenser la perte.

同時に、彼は損失を補うためにさらに長い旅程を要求し
た。

Mercedes et Charles ont soutenu ce plan, mais ont échoué
dans son exécution.

メルセデスとチャールズはこの計画を支持したが、実行
には失敗した。

Leur lourd traîneau et leur manque de compétences
rendaient la progression presque impossible.

彼らのそりは重く、技術も不足していたため、前進する
ことはほとんど不可能でした。

Il était facile de donner moins de nourriture, mais
impossible de forcer plus d'efforts.

食べ物を減らすのは簡単でしたが、さらに努力を強制す
ることは不可能でした。

Ils ne pouvaient pas commencer plus tôt, ni voyager pendant
des heures supplémentaires.

早く出発することも、長時間移動することもできません
でした。

Ils ne savaient pas comment travailler les chiens, ni eux-
mêmes d'ailleurs.

彼らは犬をどう扱えばいいのか知らなかったし、実際の
ところ、自分自身のことも知らなかった。

Le premier chien à mourir était Dub, le voleur malchanceux
mais travailleur.

最初に死んだ犬は、不運ではあるが働き者の泥棒、ダブ
でした。

Bien que souvent puni, Dub avait fait sa part sans se
plaindre.

ダブは何度も罰せられたが、文句も言わず自分の役割を
果たしてきた。

Son épaule blessée s'est aggravée sans qu'il soit nécessaire
de prendre soin de lui et de se reposer.

適切な治療も休息も受けなかったため、負傷した肩は悪
化していった。

Finalement, Hal a utilisé le revolver pour mettre fin aux
souffrances de Dub.

ついにハルはリボルバーを使いダブの苦しみを終わらせ
た。

Un dicton courant dit que les chiens normaux meurent à
cause des rations de husky.

よく言われるように、普通の犬はハスキー犬用の餌を与
えると死んでしまうそうです。

Les six nouveaux compagnons de Buck n'avaient que la
moitié de la part de nourriture du husky.

バックの新しい仲間6匹は、ハスキーの半分の量の食べ
物しか食べられなかった。

Le Terre-Neuve est mort en premier, puis les trois braques à
poil court.

最初にニューファンドランドが死亡し、続いて3匹のシ
ョートヘアード・ポインターが死亡した。

Les deux bâtards résistèrent plus longtemps mais finirent
par périr comme les autres.

二匹の雑種犬は長く持ちこたえましたが、最終的には他
の犬たちと同じように死んでしまいました。

À cette époque, toutes les commodités et la douceur du
Southland avaient disparu.

この時までに、サウスランドの快適さと穏やかさはすべ
て失われていました。

Les trois personnes avaient perdu les dernières traces de leur
éducation civilisée.

三人は文明的な育ちの最後の痕跡を捨て去った。

Dépouillé de glamour et de romantisme, le voyage dans
l'Arctique est devenu brutalement réel.

魅力とロマンが削ぎ落とされ、北極旅行は残酷な現実となった。

C'était une réalité trop dure pour leur sens de la virilité et de la féminité.

それは彼らの男らしさ、女らしさの感覚にとってあまりに厳しい現実だった。

Mercedes ne pleurait plus pour les chiens, mais maintenant elle pleurait seulement pour elle-même.

メルセデスはもう犬たちのことで泣かず、自分のことだけを思って泣いていた。

Elle passait son temps à pleurer et à se disputer avec Hal et Charles.

彼女はハルとチャールズと泣きながら喧嘩して時間を過ごした。

Se disputer était la seule chose qu'ils n'étaient jamais trop fatigués de faire.

喧嘩だけは彼らにとって決して疲れることのない唯一のことだった。

Leur irritabilité provenait de la misère, grandissait avec elle et la surpassait.

彼らの怒りは悲惨さから生まれ、悲惨さとともに大きくなり、悲惨さを超えました。

La patience du sentier, connue de ceux qui peinent et souffrent avec bienveillance, n'est jamais venue.

労苦を惜しまず親切に苦しむ人々に知られる道の忍耐は、決して訪れなかった。

Cette patience, qui garde la parole douce malgré la douleur, leur était inconnue.

苦痛の中でも言葉を優しく保つその忍耐力は彼らには知られていなかった。

Ils n'avaient aucune trace de patience, aucune force tirée de la souffrance avec grâce.

彼らには忍耐のかけらもなく、苦しみから恩恵を得て得られる強さもなかった。

Ils étaient raides de douleur : leurs muscles, leurs os et leur cœur étaient douloureux.

彼らは痛みで体が硬直し、筋肉、骨、心臓が痛みました。

À cause de cela, ils devinrent acerbes et prompts à prononcer des paroles dures.

このため、彼らは口が悪く、厳しい言葉をすぐに口にするようになった。

Chaque jour commençait et se terminait par des voix en colère et des plaintes amères.

毎日は怒りの声と苦々しい不満で始まり、終わりました。

Charles et Hal se disputaient chaque fois que Mercedes leur en donnait l'occasion.

チャールズとハルは、メルセデスが機会を与えるたびに口論した。

Chaque homme estimait avoir fait plus que sa juste part du travail.

それぞれの男たちは、自分が与えられた仕事以上の成果をあげたと信じていた。

Aucun des deux n'a jamais manqué une occasion de le dire, encore et encore.

二人とも、何度も何度もそう言う機会を逃さなかった。

Parfois, Mercedes se rangeait du côté de Charles, parfois du côté de Hal.

メルセデスは時々チャールズの味方をし、時々ハルの味方をしました。

Cela a conduit à une grande et interminable querelle entre les trois.

このことが、3人の間で壮大で終わりのない争いを引き起こした。

Une dispute sur la question de savoir qui devait couper le bois de chauffage est devenue incontrôlable.

誰が薪を割るべきかという争いが制御不能になった。

Bientôt, les pères, les mères, les cousins et les parents décédés ont été nommés.

すぐに、父親、母親、いとこ、亡くなった親戚の名前が挙げられました。

Les opinions de Hal sur l'art ou les pièces de son oncle sont devenues partie intégrante du combat.

ハルの芸術や叔父の演劇に対する見解が戦いの一部となった。

Les convictions politiques de Charles sont également entrées dans le débat.

チャールズの政治的信念も議論に加わった。

Pour Mercedes, même les ragots de la sœur de son mari semblaient pertinents.

メルセデスにとっては、夫の妹の噂話さえも関係があるように思えた。

Elle a exprimé son opinion sur ce sujet et sur de nombreux défauts de la famille de Charles.

彼女はそのことやチャールズの家族の多くの欠点について意見を述べた。

Pendant qu'ils se disputaient, le feu restait éteint et le camp à moitié monté.

彼らが言い争っている間にも火は消えたままで、キャンプの準備は半分整ったままだった。

Pendant ce temps, les chiens restaient froids et sans nourriture.

その間、犬たちは寒さに震え、食べ物もありませんでした。

Mercedes avait un grief qu'elle considérait comme profondément personnel.

メルセデスは、非常に個人的な恨みを抱いていた。

Elle se sentait maltraitée en tant que femme, privée de ses doux privilèges.

彼女は女性として不当な扱いを受け、優しい特権を否定されたと感じました。

Elle était jolie et douce, et habituée à la chevalerie toute sa vie.

彼女は可愛らしくて優しく、生涯を通じて騎士道精神を貫きました。

Mais son mari et son frère la traitaient désormais avec impatience.

しかし、彼女の夫と兄は彼女を苛立たせる態度を取った。

Elle avait pour habitude d'agir comme si elle était impuissante, et ils commencèrent à se plaindre.

彼女は無力なふりをするのが癖だったので、彼らは文句を言い始めました。

Offensée par cela, elle leur rendit la vie encore plus difficile.

彼女はこれに腹を立て、彼らの生活をさらに困難なものにした。

Elle a ignoré les chiens et a insisté pour conduire elle-même le traîneau.

彼女は犬を無視して自分でそりに乗ることを主張した。

Bien que légère en apparence, elle pesait cent vingt livres.

彼女は見た目は痩せ型だったが、体重は120ポンドあった。

Ce fardeau supplémentaire était trop lourd pour les chiens affamés et faibles.

その追加の負担は、飢えて弱っている犬たちにとっては大きすぎました。

Elle a continué à monter pendant des jours, jusqu'à ce que les chiens s'effondrent sous les rênes.

それでも彼女は何日も馬に乗り続け、ついには犬たちが手綱を握れなくなってしまった。

Le traîneau s'arrêta et Charles et Hal la supplièrent de marcher.

そりは止まってしまい、チャールズとハルは彼女に歩いて行くように頼みました。

Ils la supplièrent et la supplièrent, mais elle pleura et les traita de cruels.

彼らは嘆願し、懇願したが、彼女は泣きながら彼らを残酷だと非難した。

À une occasion, ils l'ont tirée du traîneau avec force et colère.

ある時、彼らは怒りと力で彼女をそりから引きずり落とした。

Ils n'ont plus jamais essayé après ce qui s'est passé cette fois-là.

彼らは、あの時の出来事以降、二度と試みることはなかった。

Elle devint molle comme un enfant gâté et s'assit dans la neige.

彼女は甘やかされた子供のように力が抜けて雪の中に座った。

Ils continuèrent leur chemin, mais elle refusa de se lever ou de les suivre.

彼らは先に進みましたが、彼女は立ち上がることも、後を追うことも拒否しました。

Après trois milles, ils s'arrêtèrent, revinrent et la ramenèrent.

3マイル進んだところで彼らは立ち止まり、戻って彼女を抱きかかえて戻った。

Ils l'ont rechargée sur le traîneau, en utilisant encore une fois la force brute.

彼らは再び腕力を使って彼女をそりに乗せた。

Dans leur profonde misère, ils étaient insensibles à la souffrance des chiens.

彼らは深い悲しみのあまり、犬たちの苦しみに無関心だった。

Hal croyait qu'il fallait s'endurcir et il a imposé cette croyance aux autres.

ハルは、人は心を強くしなければならないと信じ、その信念を他の人に押し付けました。

Il a d'abord essayé de prêcher sa philosophie à sa sœur

彼はまず妹に自分の哲学を説こうとした

et puis, sans succès, il prêcha à son beau-frère.

そして、彼は義理の兄弟に説教したが、効果はなかった。

Il a eu plus de succès avec les chiens, mais seulement parce qu'il leur a fait du mal.

彼は犬に対してはより大きな成功を収めたが、それは彼が犬を傷つけたからに過ぎなかった。

Chez Five Fingers, la nourriture pour chiens est complètement épuisée.

ファイブ・フィンガーズでは、ドッグフードが完全になくなってしまいました。

Une vieille squaw édentée a vendu quelques kilos de peau de cheval congelée

歯のない老婆が数ポンドの凍った馬皮を売った

Hal a échangé son revolver contre la peau de cheval séchée.

ハルはリボルバーを乾燥した馬の皮と交換した。

La viande provenait de chevaux affamés d'éleveurs de bétail des mois auparavant.

その肉は数ヶ月前に牧場主の飢えた馬から採取されたものだった。

Gelée, la peau était comme du fer galvanisé ; dure et immangeable.

凍った皮は亜鉛メッキされた鉄のようになり、硬くて食べられませんでした。

Les chiens devaient mâcher la peau sans fin pour la manger.

犬たちは皮を食べるために果てしなく噛み続けなければなりませんでした。

Mais les cordes en cuir et les cheveux courts n'étaient guère une nourriture.

しかし、革のような紐と短い毛は、ほとんど栄養にはなりませんでした。

La majeure partie de la peau était irritante et ne constituait pas véritablement de la nourriture.

皮のほとんどは刺激が強く、本当の意味で食べ物ではありませんでした。

Et pendant tout ce temps, Buck titubait en tête, comme dans un cauchemar.

そしてその間中、バックは悪夢の中のように先頭でよろめいていた。

Il tirait quand il le pouvait ; quand il ne le pouvait pas, il restait allongé jusqu'à ce qu'un fouet ou un gourdin le relève.

彼はできるときは引っ張り、できないときは鞭か棍棒で起こされるまで横たわっていた。

Son pelage fin et brillant avait perdu toute sa rigidité et son éclat d'autrefois.

彼の上質で光沢のある毛皮は、かつての硬さと輝きをすっかり失っていました。

Ses cheveux pendaient, mous, en bataille et coagulés par le sang séché des coups.

彼の髪はだらりと垂れ下がり、殴打による乾いた血で固まっていた。

Ses muscles se sont réduits à l'état de cordes et ses coussinets de chair étaient tous usés.

彼の筋肉は縮んで紐のようになり、肉のパッドはすべてすり減っていました。

Chaque côte, chaque os apparaissait clairement à travers les plis de la peau ridée.

しわくちゃの皮膚のひだを通して、肋骨の一本一本、骨の一本一本がはっきりと見えました。

C'était déchirant, mais le cœur de Buck ne pouvait pas se briser.

それは胸が張り裂けるような出来事だったが、バックの心は折れることはできなかった。

L'homme au pull rouge avait testé cela et l'avait prouvé il y a longtemps.

赤いセーターを着た男はずっと前にそれをテストして証明していました。

Comme ce fut le cas pour Buck, ce fut le cas pour tous ses coéquipiers restants.

バックの場合と同じように、残りのチームメイト全員も同様でした。

Il y en avait sept au total, chacun étant un squelette ambulant de misère.

全部で 7
人がいて、それぞれが悲惨さの歩く骸骨でした。

Ils étaient devenus insensibles au fouet, ne ressentant qu'une douleur lointaine.

彼らは鞭打ちにも麻痺し、遠くの痛みしか感じなくなっていた。

Même la vue et le son leur parvenaient faiblement, comme à travers un épais brouillard.

濃い霧を通してのように、視覚や聴覚さえもかすかに彼らに届いた。

Ils n'étaient pas à moitié vivants : c'étaient des os avec de faibles étincelles à l'intérieur.

彼らは半分生きているわけではなく、内部にかすかな火花を散らしている骨だった。

Lorsqu'ils s'arrêtèrent, ils s'effondrèrent comme des cadavres, leurs étincelles presque éteintes.

止まると、彼らは死体のように崩れ落ち、火花はほとんど消えてしまいました。

Et lorsque le fouet ou le gourdin frappaient à nouveau, les étincelles voltigeaient faiblement.

そして鞭か棍棒が再び打たれると、火花が弱々しく舞い上がった。

Puis ils se levèrent, titubèrent en avant et traînèrent leurs membres en avant.

それから彼らは立ち上がり、よろめきながら前に進み、手足を引きずりながら前に進みました。

Un jour, le gentil Billee tomba et ne put plus se relever du tout.

ある日、優しいビリーは倒れてしまい、もう起き上がることができなくなってしまいました。

Hal avait échangé son revolver, alors il a utilisé une hache pour tuer Billee à la place.

ハルはリボルバーを交換していたので、代わりに斧を使ってビリーを殺した。

Il le frappa à la tête, puis lui coupa le corps et le traîna.

彼は男の頭を殴り、その体を切り離して引きずり出した。

Buck vit cela, et les autres aussi ; ils savaient que la mort était proche.

バックはこれを見て、他の者たちもそれを見て、死が近いことを悟った。

Le lendemain, Koona partit, ne laissant que cinq chiens dans l'équipe affamée.
翌日、クーナは出発し、飢えたチームには5匹の犬だけが残されました。

Joe, qui n'était plus méchant, était trop loin pour se rendre compte de quoi que ce soit.
ジョーは、もう意地悪ではなかったが、あまりにもひどく気が狂っていて、ほとんど何も分かっていなかった。

Pike, ne faisant plus semblant d'être blessé, était à peine conscient.
パイクは、もはや怪我を偽ることはなく、ほとんど意識がなかった。

Solleks, toujours fidèle, se lamentait de ne plus avoir de force à donner.
ソレックスは依然忠実であり、与える力がないことを嘆いた。

Teek a été le plus battu parce qu'il était plus frais, mais qu'il s'estompait rapidement.
ティークは、より元気だったが急速に衰えていたため、最も打撃を受けた。

Et Buck, toujours en tête, ne maintenait plus l'ordre ni ne le faisait respecter.
そして、依然として先頭に立っていたバックは、もはや秩序を維持したり強制したりしなくなった。

À moitié aveugle à cause de sa faiblesse, Buck suivit la piste au toucher seul.
衰弱して半分目が見えなくなったバックは、感覚だけを頼りに道を追った。

C'était un beau temps printanier, mais aucun d'entre eux ne l'a remarqué.
美しい春の天気だったが、誰もそれに気づかなかった。

Chaque jour, le soleil se levait plus tôt et se couchait plus tard qu'avant.
毎日、太陽は以前よりも早く昇り、遅く沈むようになりました。

À trois heures du matin, l'aube était arrivée ; le crépuscule durait jusqu'à neuf heures.

午前3時までに夜明けが訪れ、夕暮れは9時まで続いた。

Les longues journées étaient remplies du plein soleil printanier.

長い日々は、まばゆいばかりの春の太陽の光で満たされていた。

Le silence fantomatique de l'hiver s'était transformé en un murmure chaleureux.

冬の幽霊のような静寂は、暖かいささやきに変わっていた。

Toute la terre s'éveillait, animée par la joie des êtres vivants.

全地は目覚め、生き物たちの喜びで活気づいていた。

Le bruit provenait de ce qui était resté mort et immobile pendant l'hiver.

その音は、冬の間ずっと死んで動かなかったものから聞こえてきた。

Maintenant, ces choses bougeaient à nouveau, secouant le long sommeil de gel.

今、それらは長い凍てつく眠りから覚め、再び動き出した。

La sève montait à travers les troncs sombres des pins en attente.

待ち構える松の木々の暗い幹から樹液が上がってきていた。

Les saules et les trembles font apparaître de jeunes bourgeons brillants sur chaque brindille.

柳やポプラの木々の枝一本一本に、輝くばかりの若芽が芽吹いた。

Les arbustes et les vignes se parent d'un vert frais tandis que les bois prennent vie.

森が生き生きと動き出すにつれ、低木や蔓植物は新緑を帯びてきました。

Les grillons chantaient la nuit et les insectes rampaient au soleil.

夜にはコオロギが鳴き、昼間の太陽の下では虫が這っていました。

Les perdrix résonnaient et les pics frappaient profondément dans les arbres.

ヤマウズラが鳴き声をあげ、キツツキが木の奥深くで鳴き声をあげた。

Les écureuils bavardaient, les oiseaux chantaient et les oies klaxonnaient au-dessus des chiens.

リスがおしゃべりし、鳥が歌い、ガチョウが犬の上で鳴き声を上げていた。

Les oiseaux sauvages arrivaient en groupes serrés, volant vers le haut depuis le sud.

野鳥は鋭いくさび形の群れとなって南から飛んできた。

De chaque colline venait la musique des ruisseaux cachés et impétueux.

どの丘の斜面からも、隠れた急流の音が聞こえてきました。

Toutes choses ont dégelé et se sont brisées, se sont pliées et ont repris leur mouvement.

すべてのものは解けて折れ、曲がり、再び動き出した。

Le Yukon s'efforçait de briser les chaînes de froid de la glace gelée.

ユーコンは凍った氷の冷たい鎖を断ち切ろうと努力した。

La glace fondait en dessous, tandis que le soleil la faisait fondre par le dessus.

氷は下から溶け、太陽は上から氷を溶かしました。

Des trous d'aération se sont ouverts, des fissures se sont propagées et des morceaux sont tombés dans la rivière.

風穴が開き、亀裂が広がり、岩塊が川に落ちた。

Au milieu de toute cette vie débordante et flamboyante, les voyageurs titubaient.

この活気と輝きに満ちた生命の真っ只中で、旅人たちはよろめきながら歩いていた。

Deux hommes, une femme et une meute de huskies marchaient comme des morts.

2人の男、1人の女、そして一群のハスキー犬が死んだように歩いていた。

Les chiens tombaient, Mercedes pleurait, mais continuait à conduire le traîneau.

犬たちは倒れ、メルセデスは泣きながらも、そりに乗り続けた。

Hal jura faiblement et Charles cligna des yeux à travers ses yeux larmoyants.

ハルは弱々しく悪態をつき、チャールズは涙目で瞬きした。

Ils tombèrent sur le camp de John Thornton à l'embouchure de la rivière White.

彼らはホワイト川の河口にあるジョン・ソーントンのキャンプに偶然たどり着いた。

Lorsqu'ils s'arrêtèrent, les chiens s'effondrèrent, comme s'ils étaient tous morts.

彼らが立ち止まると、犬たちは全員死んだかのように平らに倒れた。

Mercedes essuya ses larmes et regarda John Thornton.

メルセデスは涙を拭ってジョン・ソーントンに視線を向けた。

Charles s'assit sur une bûche, lentement et raidement, souffrant du sentier.

チャールズは、足跡の痛みを感じながら、ゆっくりと硬直した姿勢で丸太の上に座った。

Hal parlait pendant que Thornton sculptait l'extrémité d'un manche de hache.

ソーントンが斧の柄の端を彫っている間、ハルが話をしていた。

Il taillait du bois de bouleau et répondait par des réponses brèves et fermes.

彼は樺の木を削りながら、短く、毅然とした返事を返した。

Lorsqu'on lui a demandé son avis, il a donné des conseils, certain qu'ils ne seraient pas suivis.

尋ねられたとき、彼は、それが従われることはないだろうと確信しながらアドバイスをしました。

Hal a expliqué : « Ils nous ont dit que la glace du sentier disparaissait. »

ハルさんは「登山道の氷が溶けていると聞きました」と説明した。

« Ils ont dit que nous devions rester sur place, mais nous sommes arrivés à White River. »

「彼らは私たちにそこに留まるように言ったが、私たちはホワイトリバーにたどり着いた。」

Il a terminé sur un ton moqueur, comme pour crier victoire dans les difficultés.

彼は苦難に打ち勝ったかのように、冷笑的な口調で話を終えた。

« Et ils t'ont dit la vérité », répondit doucement John Thornton à Hal.

「そして彼らは本当のことを言ったんだ」ジョン・ソーントンは静かにハルに答えた。

« La glace peut céder à tout moment, elle est prête à tomber. »

「氷はいつ崩れてもおかしくない、今にも崩れ落ちるかもしれない。」

« Seuls un peu de chance et des imbéciles ont pu arriver jusqu'ici en vie. »

「ここまで生きて来られたのは、運と愚か者だけだった。」

« Je vous le dis franchement, je ne risquerais pas ma vie pour tout l'or de l'Alaska. »

「はっきり言いますが、私はアラスカの金のために命を危険にさらしたりはしません。」

« C'est parce que tu n'es pas un imbécile, je suppose », répondit Hal.

「それはあなたが馬鹿ではないからだと思います」とハルは答えた。

« Tout de même, nous irons à Dawson. » Il déroula son fouet.

「やはり、ドーソンへ行こう」彼は鞭を解いた。

« Monte là-haut, Buck ! Salut ! Debout ! Vas-y ! » cria-t-il durement.

「あそこに立て、バック！おい！立て！行け！」彼は荒々しく叫んだ。

Thornton continuait à tailler, sachant que les imbéciles n'entendraient pas la raison.

ソーントンは、愚か者は理屈を聞かないと分かっていながら、削り続けた。

Arrêter un imbécile était futile, et deux ou trois imbéciles ne changeaient rien.

愚か者を止めるのは無駄だった。二、三人が騙されても何も変わらなかった。

Mais l'équipe n'a pas bougé au son de l'ordre de Hal.

しかし、チームはハルの命令を聞いても動かなかった。

Désormais, seuls les coups pouvaient les faire se relever et avancer.

今では、彼らを立ち上がらせ、前進させるには打撃を与えることしかできなかった。

Le fouet claquait encore et encore sur les chiens affaiblis.

鞭は弱った犬たちに何度も何度も打ち付けた。

John Thornton serra fermement ses lèvres et regarda en silence.

ジョン・ソーントンは唇を固く閉じて、黙って見守った。

Solleks fut le premier à se relever sous le fouet.

鞭打ちの下で最初に這って立ち上がったのはソレックスだった。

Puis Teek le suivit, tremblant. Joe poussa un cri en se relevant.

ティークも震えながら後を追ってきた。ジョーはよろめきながら立ち上がり、悲鳴を上げた。

Pike a essayé de se relever, a échoué deux fois, puis est finalement resté debout, chancelant.

パイクは立ち上がろうとしたが、二度失敗し、ついによろめきながら立ち上がった。

Mais Buck resta là où il était tombé, sans bouger du tout cette fois.

しかし、バックは倒れた場所に横たわり、今度はまったく動かなかった。

Le fouet le frappait à plusieurs reprises, mais il ne faisait aucun bruit.

鞭が何度も彼を打ったが、彼は音を立てなかった。

Il n'a pas bronché ni résisté, il est simplement resté immobile et silencieux.

彼はひるむことも抵抗することもせず、ただじっと静かにしていた。

Thornton remua plus d'une fois, comme pour parler, mais ne le fit pas.

ソーントンは何かを言おうとするかのように何度も身じろぎしたが、何も言わなかった。

Ses yeux s'humidifièrent, et le fouet continuait à claquer contre Buck.

彼の目は潤んでいたが、鞭はまだバックに打ち付けられていた。

Finalement, Thornton commença à marcher lentement, ne sachant pas quoi faire.

ついに、ソーントンは何をすべきか分からず、ゆっくりと歩き始めた。

C'était la première fois que Buck échouait, et Hal devint furieux.

バックが失敗したのは初めてだったので、ハルは激怒した。

Il a jeté le fouet et a pris la lourde massue à la place.

彼は鞭を投げ捨て、代わりに重い棍棒を手に取った。

Le gourdin en bois s'abattit violemment, mais Buck ne se releva toujours pas pour bouger.

木の棍棒が激しく振り下ろされたが、バックはまだ立ち上がって動かなかった。

Comme ses coéquipiers, il était trop faible, mais plus que cela.

チームメイトたちと同様、彼も弱すぎた。しかし、それだけではなかった。

Buck avait décidé de ne pas bouger, quoi qu'il arrive.

バックは、次に何が起ころうとも動かないと決めていた。

Il sentait quelque chose de sombre et de certain planer juste devant lui.

彼は、何か暗くて確かなものがすぐ前方に漂っているのを感じた。

Cette peur l'avait saisi dès qu'il avait atteint la rive du fleuve.

その恐怖は彼が川岸に着くとすぐに彼を襲った。

Cette sensation ne l'avait pas quitté depuis qu'il sentait la glace s'amincir sous ses pattes.

足の下の氷が薄くなっているのを感じて以来、その感覚は消えていなかった。

Quelque chose de terrible l'attendait – il le sentait juste au bout du sentier.

何か恐ろしいものが待ち受けている ——
彼はそれをすぐ先の道で感じた。

Il n'allait pas marcher vers cette terrible chose devant lui.

彼はその恐ろしいものに向かって歩くつもりはなかった

Il n'allait pas obéir à un quelconque ordre qui le conduirait à cette chose.

彼は、自分をその場所に導くいかなる命令にも従うつもりはなかった。

La douleur des coups ne l'atteignait plus guère, il était trop loin.

打撃の痛みは、今では彼にはほとんど感じられなかった。彼はすでに手遅れだったのだ。

L'étincelle de vie vacillait faiblement, s'affaiblissant sous chaque coup cruel.

生命の火花は、残酷な打撃を受けるたびに弱まり、消えていった。

Ses membres semblaient lointains ; tout son corps semblait appartenir à un autre.

彼の手足は遠く感じられ、彼の全身は他人のもののように思えた。

Il ressentit un étrange engourdissement alors que la douleur disparaissait complètement.

痛みが完全に消え去ると、彼は奇妙なしびれを感じた。

De loin, il sentait qu'il était battu, mais il le savait à peine.

遠くから、彼は殴られているのを感じたが、ほとんど気づかなかった。

Il pouvait entendre les coups sourds faiblement, mais ils ne faisaient plus vraiment mal.

かすかにドスンという音が聞こえたが、もう本当に痛いという感じではなかった。

Les coups ont porté, mais son corps ne semblait plus être le sien.

打撃は当たったが、彼の体はもはや自分の体とは思えなかった。

Puis, soudain, sans prévenir, John Thornton poussa un cri sauvage.

すると突然、何の前触れもなく、ジョン・ソーントンは激しい叫び声をあげた。

C'était inarticulé, plus le cri d'une bête que celui d'un homme.

それは不明瞭で、人間の叫びというよりは獣の叫びのようだった。

Il sauta sur l'homme avec la massue et renversa Hal en arrière.

彼は棍棒を持って男に飛びかかり、ハルを後ろに押し倒した。

Hal vola comme s'il avait été frappé par un arbre, atterrissant durement sur le sol.

ハルはまるで木にぶつかったかのように飛び、地面に激しく着地した。

Mercedes a crié de panique et s'est agrippée au visage.

メルセデスはパニックになって大声で叫び、顔を押さえた。

Charles se contenta de regarder, s'essuya les yeux et resta assis.

チャールズはただ見守り、目を拭いて、座ったままでした。

Son corps était trop raide à cause de la douleur pour se lever ou aider au combat.

彼の体は痛みで硬直しており、立ち上がることも、戦いを手伝うこともできなかった。

Thornton se tenait au-dessus de Buck, tremblant de fureur, incapable de parler.

ソーントンは怒りに震えながら、何も言えずにバックの上に立っていた。

Il tremblait de rage et luttait pour trouver sa voix à travers elle.

彼は怒りに震えながら、それを乗り越えて自分の声を見つけようと奮闘した。

« Si tu frappes encore ce chien, je te tue », dit-il finalement.

「もう一度あの犬を殴ったら、お前を殺す」と彼はついに言った。

Hal essuya le sang de sa bouche et s'avança à nouveau.

ハルは口から血を拭って再び前に出た。

« C'est mon chien », murmura-t-il. « Dégage, ou je te répare. »

「俺の犬だ」と彼はぶつぶつ言った。「どけ、さもないとお前を懲らしめるぞ」

« Je vais à Dawson, et vous ne m'en empêcherez pas », a-t-il ajouté.

「私はドーソンに行くつもりだ。あなたは私を止めることはできない」と彼は付け加えた。

Thornton se tenait fermement entre Buck et le jeune homme en colère.

ソーントンはバックと怒った若者の間にしっかりと立ちはだかった。

Il n'avait aucune intention de s'écarter ou de laisser passer Hal.

彼は脇に退いたりハルを通したりするつもりはなかった
。

Hal sortit son couteau de chasse, long et dangereux à la main.
ハルは長くて危険な狩猟用ナイフを取り出した。

Mercedes a crié, puis pleuré, puis ri dans une hystérie sauvage.
メルセデスは叫び、泣き、そして狂ったように笑いました。

Thornton frappa la main de Hal avec le manche de sa hache, fort et vite.
ソーントンは斧の柄でハルの手を激しく素早く殴りつけた。

Le couteau s'est détaché de la main de Hal et a volé au sol.
ナイフはハルの手から弾き落とされ、地面に落ちた。

Hal essaya de ramasser le couteau, et Thornton frappa à nouveau ses jointures.
ハルはナイフを拾おうとしたが、ソーントンは再び彼の指の関節を叩いた。

Thornton se baissa alors, attrapa le couteau et le tint.
それからソーントンはかがみ込んでナイフを掴み、それを握った。

D'un coup rapide de manche de hache, il coupa les rênes de Buck.
彼は斧の柄を素早く二度振り下ろし、バックの手綱を切った。

Hal n'avait plus aucune résistance et s'éloigna du chien.
ハルはもう戦う気力もなく、犬から後ずさりした。

De plus, Mercedes avait désormais besoin de ses deux bras pour se maintenir debout.
その上、メルセデスは立ち上がるために両腕が必要だった。

Buck était trop proche de la mort pour pouvoir à nouveau tirer un traîneau.
バックは死に近かったので、再びそりを引くことはできなかった。

Quelques minutes plus tard, ils se sont retirés et ont descendu la rivière.

数分後、彼らは船を出し、川下に向かっていった。

Buck leva faiblement la tête et les regarda quitter la banque.

バックは弱々しく頭を上げて、彼らが岸から去っていくのを見守った。

Pike a mené l'équipe, avec Solleks à l'arrière dans la roue.

パイクがチームをリードし、ソレックスが後方のステアリングを握った。

Joe et Teek marchaient entre eux, tous deux boitant d'épuisement.

ジョーとティークは二人とも疲れて足を引きずりながら、その間を歩いていった。

Mercedes s'assit sur le traîneau et Hal saisit le long mât.

メルセデスはそりに座り、ハルは長いジーポールを握った。

Charles trébuchait derrière, ses pas maladroits et incertains.

チャールズはよろめきながら後ろを歩き、ぎこちなく不安な足取りだった。

Thornton s'agenouilla près de Buck et chercha doucement des os cassés.

ソーントンはバックのそばにひざまずき、骨折した骨がないか優しく触診した。

Ses mains étaient rudes mais bougeaient avec gentillesse et attention.

彼の手は荒れていたが、優しく気配りのある動きをしていた。

Le corps de Buck était meurtri mais ne présentait aucune blessure durable.

バックの体は打撲傷を負っていたが、永続的な傷害は見られなかった。

Ce qui restait, c'était une faim terrible et une faiblesse quasi totale.

残ったのはひどい飢えとほぼ完全な衰弱だけだった。

Au moment où cela fut clair, le traîneau était déjà loin en aval.

それが明らかになったときには、そりは川のずっと下流へ進んでいました。

L'homme et le chien regardaient le traîneau ramper lentement sur la glace fissurée.

男と犬は、ひび割れた氷の上をそりがゆっくりと進んでいくのを見ていた。

Puis, ils virent le traîneau s'enfoncer dans un creux.

すると、そりが窪みに沈んでいくのが見えました。

Le mât s'est envolé, Hal s'y accrochant toujours en vain.

ジーポールは飛び上がり、ハルは無駄にそれにしがみついていた。

Le cri de Mercedes les atteignit à travers la distance froide.

メルセデスの叫び声が冷たい距離を越えて彼らに届いた。

Charles se retourna et recula, mais il était trop tard.

チャールズは振り返って後ずさりしたが、遅すぎた。

Une calotte glaciaire entière a cédé et ils sont tous tombés à travers.

氷床全体が崩れて、彼らは全員落ちてしまいました。

Les chiens, le traîneau et les gens ont disparu dans l'eau noire en contrebas.

犬、そり、そして人々は下の黒い水の中に消えていった。

Il ne restait qu'un large trou dans la glace là où ils étaient passés.

彼らが通った場所には、氷に大きな穴が残るだけだった。

Le fond du sentier s'était affaissé, comme Thornton l'avait prévenu.

道の底は抜け落ちていた ――
まさにソーントンが警告した通り。

Thornton et Buck se regardèrent, silencieux pendant un moment.

ソーントンとバックはお互いに顔を見合わせ、しばらく黙っていた。

« Pauvre diable », dit doucement Thornton, et Buck lui lécha la main.

「かわいそうに」とソーントンは優しく言い、バックは彼の手を舐めた。

Pour l'amour d'un homme
男の愛のために

John Thornton s'est gelé les pieds dans le froid du mois de décembre précédent.
ジョン・ソーントンは前年の12月の寒さで足が凍えてしまった。

Ses partenaires l'ont mis à l'aise et l'ont laissé se rétablir seul.
パートナーたちは彼を安心させて、一人で回復できるようにしてあげた。

Ils remontèrent la rivière pour rassembler un radeau de billes de bois pour Dawson.
彼らはドーソンのために大量の丸太を集めるために川を上っていった。

Il boitait encore légèrement lorsqu'il a sauvé Buck de la mort.
バックを死から救ったとき、彼はまだ少し足を引きずっていた。

Mais avec le temps chaud qui continue, même cette boiterie a disparu.
しかし、暖かい天気が続くと、足を引きずることもなくなりました。

Allongé au bord de la rivière pendant les longues journées de printemps, Buck se reposait.
長い春の日々の間、バックは川岸に横たわり、休んだ。

Il regardait l'eau couler et écoutait les oiseaux et les insectes.
彼は流れる水を眺め、鳥や昆虫の鳴き声に耳を傾けた。

Lentement, Buck reprit ses forces sous le soleil et le ciel.
バックは太陽と空の下でゆっくりと体力を取り戻した。

Un repos merveilleux après avoir parcouru trois mille kilomètres.
3000マイルの旅の後、休息は素晴らしい気分でした。

Buck est devenu paresseux à mesure que ses blessures guérissaient et que son corps se remplissait.

傷が治り、体が充実するにつれて、バックは怠惰になりました。

Ses muscles se raffermirent et la chair revint recouvrir ses os.

彼の筋肉は引き締まり、肉が戻って骨を覆うようになりました。

Ils se reposaient tous : Buck, Thornton, Skeet et Nig.

バック、ソーントン、スキート、ニグは皆休んでいた。

Ils attendaient le radeau qui allait les transporter jusqu'à Dawson.

彼らはドーソンまで運んでくれるいかだを待った。

Skeet était un petit setter irlandais qui s'est lié d'amitié avec Buck.

スキートはバックと友達になった小さなアイリッシュ・セッターでした。

Buck était trop faible et malade pour lui résister lors de leur première rencontre.

バックは体調が悪すぎて、初めて彼女に会ったときには抵抗できなかった。

Skeet avait le trait de guérisseur que certains chiens possèdent naturellement.

スキートは、一部の犬が生まれつき持っている治癒能力を持っていました。

Comme une mère chatte, elle lécha et nettoya les blessures à vif de Buck.

彼女は母猫のようにバックの生傷を舐めてきれいにしてあげました。

Chaque matin, après le petit-déjeuner, elle répétait son travail minutieux.

彼女は毎朝朝食後に、念入りな仕事を繰り返した。

Buck s'attendait à son aide autant qu'à celle de Thornton.

バックはソーントンの助けと同じくらい彼女の助けも期待するようになった。

Nig était également amical, mais moins ouvert et moins affectueux.

ニグも友好的でしたが、オープンさや愛情が足りませんでした。

Nig était un gros chien noir, à la fois chien de Saint-Hubert et chien de chasse.

ニグは大きな黒い犬で、ブラッドハウンドとディアハウンドの混血種でした。

Il avait des yeux rieurs et une infinie bonne nature dans son esprit.

彼は笑っている目と、心の底に限りない善良さを持っていました。

À la surprise de Buck, aucun des deux chiens n'a montré de jalousie envers lui.

バックが驚いたことに、どちらの犬も彼に対して嫉妬を示さなかった。

Skeet et Nig ont tous deux partagé la gentillesse de John Thornton.

スキートとニグはともにジョン・ソーントンの親切にあずかりました。

À mesure que Buck devenait plus fort, ils l'ont attiré dans des jeux de chiens stupides.

バックが強くなるにつれて、彼らは彼を愚かな犬のゲームに誘い込みました。

Thornton jouait souvent avec eux aussi, incapable de résister à leur joie.

ソーントンも彼らの喜びに抗うことができず、よく彼らと遊んでいました。

De cette manière ludique, Buck est passé de la maladie à une nouvelle vie.

この遊び心のあるやり方で、バックは病気から新しい人生へと移行しました。

L'amour – un amour véritable, brûlant et passionné – était enfin à lui.

ついに彼の愛は真実の、燃えるような、情熱的な愛となった。

Il n'avait jamais connu ce genre d'amour dans le domaine de Miller.

彼はミラー邸でこのような愛を一度も知ったことはなかった。

Avec les fils du juge, il avait partagé le travail et l'aventure.

彼は判事の息子たちとともに仕事や冒険を共にした。

Chez les petits-fils, il vit une fierté raide et vantarde.

孫たちを見ると、堅苦しくて自慢げなプライドが感じられた。

Il entretenait avec le juge Miller lui-même une amitié respectueuse.

彼はミラー判事自身と尊敬し合う友情を築いていた。

Mais l'amour qui était feu, folie et adoration est venu avec Thornton.

しかし、ソーントンには、情熱と狂気と崇拝に満ちた愛が宿っていた。

Cet homme avait sauvé la vie de Buck, et cela seul signifiait beaucoup.

この男はバックの命を救った。それだけでも大きな意味があった。

Mais plus que cela, John Thornton était le type de maître idéal.

しかし、それ以上に、ジョン・ソーントンは理想的なマスターでした。

D'autres hommes s'occupaient de chiens par devoir ou par nécessité professionnelle.

他の男性は義務や業務上の必要性から犬の世話をしました。

John Thornton prenait soin de ses chiens comme s'ils étaient ses enfants.

ジョン・ソーントンは犬たちをまるで自分の子供のように大切にしていた。

Il prenait soin d'eux parce qu'il les aimait et qu'il ne pouvait tout simplement pas s'en empêcher.

彼は彼らを愛していたので、彼らを気遣うしかなかったのです。

John Thornton a vu encore plus loin que la plupart des hommes n'ont jamais réussi à voir.

ジョン・ソーントンは、ほとんどの人が見ることができなかったほど遠くまで見通すことができました。

Il n'oubliait jamais de les saluer gentiment ou de leur adresser un mot d'encouragement.

彼は彼らに優しく挨拶したり励ましの言葉をかけたりすることを決して忘れなかった。

Il adorait s'asseoir avec les chiens pour de longues conversations, ou « gazeuses », comme il disait.

彼は犬たちと一緒に座って長い話をするのが大好きで、彼の言葉を借りれば「ガスっぽい」会話をするのが大好きだった。

Il aimait saisir brutalement la tête de Buck entre ses mains fortes.

彼は力強い手でバックの頭を乱暴に掴むのが好きだった。

Puis il posa sa tête contre celle de Buck et le secoua doucement.

それから彼は自分の頭をバックの頭に寄りかからせ、優しく頭を揺すった。

Pendant tout ce temps, il traitait Buck de noms grossiers qui signifiaient de l'amour pour Buck.

その間ずっと、彼はバックに対して、愛を意味する失礼な言葉を浴びせ続けた。

Pour Buck, cette étreinte brutale et ces mots ont apporté une joie profonde.

バックにとって、その荒々しい抱擁と言葉は深い喜びをもたらした。

Son cœur semblait se déchaîner de bonheur à chaque mouvement.

彼の心は動くたびに幸せで震え上がるようだった。

Lorsqu'il se releva ensuite, sa bouche semblait rire.

その後、彼が飛び上がったとき、彼の口は笑っているように見えました。

Ses yeux brillaient et sa gorge tremblait d'une joie inexprimée.

彼の目は明るく輝き、喉は言葉にできない喜びで震えていた。

Son sourire resta figé dans cet état d'émotion et d'affection rayonnante.

彼の笑顔は、その感動と熱烈な愛情の状態で静止していた。

Thornton s'exclama alors pensivement : « Mon Dieu ! Il peut presque parler ! »

するとソーントンは考え深げに叫んだ。「なんてことだ！彼はほとんど話せるようだ！」

Buck avait une étrange façon d'exprimer son amour qui causait presque de la douleur.

バックは、ほとんど痛みを引き起こすような奇妙な愛情表現をしていた。

Il serrait souvent très fort la main de Thornton entre ses dents.

彼はよくソーントンの手を歯で強く握りしめていた。

La morsure allait laisser des marques profondes qui resteraient un certain temps après.

その噛み跡は、しばらく残る深い跡を残すことになるだろう。

Buck croyait que ces serments étaient de l'amour, et Thornton savait la même chose.

バックはそれらの誓いが愛だと信じていたし、ソーントンも同じことを知っていた。

Le plus souvent, l'amour de Buck se manifestait par une adoration silencieuse, presque silencieuse.

ほとんどの場合、バックの愛は静かでほとんど沈黙した崇拝の形で表れていた。

Bien qu'il soit ravi lorsqu'on le touche ou qu'on lui parle, il ne cherche pas à attirer l'attention.

触られたり話しかけられたりすると興奮しましたが、注目を求めませんでした。

Skeet a poussé son nez sous la main de Thornton jusqu'à ce qu'il la caresse.

スキートはソーントンの手の下で鼻を軽くつつき、ソーントンは彼女を撫でた。

Nig s'approcha tranquillement et posa sa grosse tête sur le genou de Thornton.

ニグは静かに歩み寄り、大きな頭をソーントンの膝の上に置いた。

Buck, au contraire, se contentait d'aimer à distance respectueuse.

対照的に、バックは敬意を持った距離から愛することで満足していた。

Il resta allongé pendant des heures aux pieds de Thornton, alerte et observant attentivement.

彼はソーントンの足元に何時間も横たわり、油断せずに注意深く見守っていた。

Buck étudiait chaque détail du visage de son maître et le moindre mouvement.

バックは主人の顔の表情やわずかな動きを細部まで観察した。

Ou bien il était allongé plus loin, étudiant la silhouette de l'homme en silence.

あるいは、さらに離れたところに横たわり、黙って男の姿を観察していた。

Buck observait chaque petit mouvement, chaque changement de posture ou de geste.

バックは、あらゆる小さな動き、姿勢や身振りの変化を観察した。

Ce lien était si puissant qu'il attirait souvent le regard de Thornton.

このつながりは非常に強力で、ソーントンはしばしば視線を惹きつけました。

Il rencontra les yeux de Buck sans un mot, l'amour brillant clairement à travers.

彼は言葉もなくバックの目を見つめたが、そこには明らかに愛が輝いていた。

Pendant longtemps après avoir été sauvé, Buck n'a jamais laissé Thornton hors de vue.

救出された後も長い間、バックはソーントンから目を離さなかった。

Chaque fois que Thornton quittait la tente, Buck le suivait de près à l'extérieur.

ソーントンがテントから出かけると、バックはいつもすぐ後をついて出て行った。

Tous les maîtres sévères du Northland avaient fait que Buck avait peur de faire confiance.

北国の厳しい主人たちのせいで、バックは信頼することを恐れていた。

Il craignait qu'aucun homme ne puisse rester son maître plus d'un court instant.

彼は、誰も短期間以上は自分の主人であり続けることはできないだろうと恐れていた。

Il craignait que John Thornton ne disparaisse comme Perrault et François.

彼はジョン・ソーントンがペローやフランソワのように消えてしまうのではないかと恐れていた。

Même la nuit, la peur de le perdre hantait le sommeil agité de Buck.

夜になっても、彼を失うかもしれないという恐怖がバックの眠れない眠りを悩ませた。

Quand Buck se réveilla, il se glissa dehors dans le froid et se dirigea vers la tente.

バックは目を覚ますと、寒い外に忍び出てテントへ向かった。

Il écoutait attentivement le doux bruit de la respiration à l'intérieur.

彼は内部のかすかな呼吸の音を注意深く聞き取った。

Malgré l'amour profond de Buck pour John Thornton, la nature sauvage est restée vivante.

バックがジョン・ソーントンを深く愛していたにもかかわらず、野生は生き残った。

Cet instinct primitif, éveillé dans le Nord, n'a pas disparu.

北で目覚めたその原始的な本能は消えなかった。

L'amour a apporté la dévotion, la loyauté et le lien chaleureux du coin du feu.

愛は献身、忠誠、そして暖炉のそばでの温かい絆をもたらしました。

Mais Buck a également conservé son instinct sauvage, vif et toujours en alerte.

しかし、バックは野生の本能も持ち続け、鋭敏で常に警戒していました。

Il n'était pas seulement un animal de compagnie apprivoisé venu des terres douces de la civilisation.

彼は、単に文明の穏やかな土地から来た飼い慣らされたペットではありませんでした。

Buck était un être sauvage qui était venu s'asseoir près du feu de Thornton.

バックはソーントンの火のそばに座りに来た野生の生き物だった。

Il ressemblait à un chien du Southland, mais la sauvagerie vivait en lui.

彼はサウスランドの犬のように見えたが、彼の中には野性が宿っていた。

Son amour pour Thornton était trop grand pour permettre de voler cet homme.

ソーントンに対する彼の愛はあまりにも深かったので、彼から盗むことは許せなかった。

Mais dans n'importe quel autre camp, il volerait avec audace et sans relâche.

しかし、他のキャンプであれば、彼はためらうことなく大胆に盗みを働くだろう。

Il était si habile à voler que personne ne pouvait l'attraper ou l'accuser.

彼は盗みがとても巧妙だったので、誰も彼を捕まえたり告発したりすることはできなかった。

Son visage et son corps étaient couverts de cicatrices dues à de nombreux combats passés.

彼の顔と体は過去の数々の戦いによる傷跡で覆われていた。

Buck se battait toujours avec acharnement, mais maintenant il se battait avec plus de ruse.

バックは相変わらず激しく戦ったが、今度はもっと狡猾に戦った。

Skeet et Nig étaient trop doux pour se battre, et ils appartenaient à Thornton.

スキートとニグは戦うにはあまりにも穏やかで、彼らはソーントンの犬でした。

Mais tout chien étranger, aussi fort ou courageux soit-il, cédait.

しかし、どんなに強くて勇敢な犬でも、見知らぬ犬は道を譲りました。

Sinon, le chien se retrouvait à lutter contre Buck, à se battre pour sa vie.

そうでなければ、犬はバックと闘い、自分の命をかけて戦うことになるだろう。

Buck n'a eu aucune pitié une fois qu'il a choisi de se battre contre un autre chien.

バックは、他の犬と戦うことを選んだら容赦しませんでした。

Il avait bien appris la loi du gourdin et des crocs dans le Nord.

彼は北国の棍棒と牙の法則をよく学んでいた。

Il n'a jamais abandonné un avantage et n'a jamais reculé devant la bataille.

彼は決して優位性を放棄せず、戦いから逃げることもなかった。

Il avait étudié les Spitz et les chiens les plus féroces de la poste et de la police.

彼はスピッツと郵便や警察の最も獰猛な犬を研究した。

Il savait clairement qu'il n'y avait pas de juste milieu dans un combat sauvage.

彼は激しい戦闘には中立の立場など存在しないことを明らかに知っていた。

Il doit gouverner ou être gouverné ; faire preuve de miséricorde signifie faire preuve de faiblesse.

彼は支配するか、支配されるかのどちらかであり、慈悲を示すことは弱さを示すことを意味した。

La miséricorde était inconnue dans le monde brut et brutal de la survie.

生き残るための荒々しく残酷な世界では慈悲は知られていなかった。

Faire preuve de miséricorde était perçu comme de la peur, et la peur menait rapidement à la mort.

慈悲を示すことは恐怖と見なされ、恐怖はすぐに死につながりました。

L'ancienne loi était simple : tuer ou être tué, manger ou être mangé.

昔の法律は単純だった。殺すか殺されるか、食べるか食べられるか。

Cette loi venait des profondeurs du temps, et Buck la suivait pleinement.

その法則は時の深淵から生まれたものであり、バックはそれを完全に従った。

Buck était plus vieux que son âge et que le nombre de respirations qu'il prenait.

バックは、年齢や呼吸の数よりも老けて見えた。

Il a clairement relié le passé ancien au moment présent.

彼は古代の過去と現在の瞬間を明確に結びつけた。

Les rythmes profonds des âges le traversaient comme les marées.

時代の深いリズムが潮のように彼の中に流れていった。

Le temps pulsait dans son sang aussi sûrement que les saisons faisaient bouger la terre.

季節が地球を動かすのと同じように、時間は彼の血の中で確実に脈打っていた。

Il était assis près du feu de Thornton, la poitrine forte et les crocs blancs.

彼は胸が強く、牙が白く、ソーントンの暖炉のそばに座っていた。

Sa longue fourrure ondulait, mais derrière lui, les esprits des chiens sauvages observaient.

長い毛が揺れていたが、その背後では野犬の霊が見守っていた。

Des demi-loups et des loups à part entière s'agitaient dans son cœur et dans ses sens.

半狼と全狼が彼の心と感覚の中で動いた。

Ils goûtèrent sa viande et burent la même eau que lui.

彼らは彼の肉を味わい、彼と同じ水を飲みました。

Ils reniflaient le vent à ses côtés et écoutaient la forêt.

彼らは彼と一緒に風を嗅ぎ、森の音に耳を傾けました。

Ils murmuraient la signification des sons sauvages dans l'obscurité.

彼らは暗闇の中で荒々しい音の意味をささやいた。

Ils façonnaient ses humeurs et guidaient chacune de ses réactions silencieuses.

それらは彼の気分を形作り、彼の静かな反応のそれぞれを導きました。

Ils se sont couchés avec lui pendant son sommeil et sont devenus une partie de ses rêves profonds.

彼らは彼が眠っている間、彼と一緒に横たわり、彼の深い夢の一部となった。

Ils rêvaient avec lui, au-delà de lui, et constituaient son esprit même.

彼らは彼とともに、彼を超えて夢を見て、彼の精神そのものを作り上げました。

Les esprits de la nature appelèrent si fort que Buck se sentit attiré.

野生の精霊の呼びかけがあまりにも強かったので、バックは引っ張られるのを感じた。

Chaque jour, l'humanité et ses revendications s'affaiblissaient dans le cœur de Buck.

人類とその主張は、バックの心の中で日に日に弱まっていった。

Au plus profond de la forêt, un appel étrange et palpitant allait s'élever.

森の奥深くで、奇妙でスリリングな声が響き渡ろうとしていた。

Chaque fois qu'il entendait l'appel, Buck ressentait une envie à laquelle il ne pouvait résister.

その呼び声を聞くたびに、バックは抵抗できない衝動を感じた。

Il allait se détourner du feu et des sentiers battus des humains.

彼は火と踏みならされた人間の道から離れようとしていた。

Il allait s'enfoncer dans la forêt, avançant sans savoir pourquoi.

彼は理由も分からず、森の中へと突き進んでいくつもりだった。

Il ne remettait pas en question cette attraction, car l'appel était profond et puissant.

彼はこの引力に疑問を持たなかった。その呼び声は深く、強力だったからだ。

Souvent, il atteignait l'ombre verte et la terre douce et intacte

彼はしばしば緑の陰と柔らかい手つかずの土に辿り着いた

Mais ensuite, son amour profond pour John Thornton l'a ramené vers le feu.

しかし、ジョン・ソーントンへの強い愛情が彼を再び火の中に引き戻したのです。

Seul John Thornton tenait véritablement le cœur sauvage de Buck entre ses mains.

ジョン・ソーントンだけが、バックの荒々しい心を本当に掴んでいた。

Le reste de l'humanité n'avait aucune valeur ni signification durable pour Buck.

残りの人類にはバックにとって永続的な価値も意味もなかった。

Les étrangers pourraient le féliciter ou caresser sa fourrure avec des mains amicales.

見知らぬ人が彼を褒めたり、友好的な手で彼の毛を撫でたりするかもしれません。

Buck resta impassible et s'éloigna à cause de trop d'affection.

バックは、あまりの愛情に動じることなく立ち去った。

Hans et Pete sont arrivés avec le radeau qu'ils attendaient depuis longtemps

ハンスとピートは待ちに待ったいかだを持って到着した

Buck les a ignorés jusqu'à ce qu'il apprenne qu'ils étaient proches de Thornton.

バックは彼らがソーントンの近くにいることを知るまで彼らを無視した。

Après cela, il les a tolérés, mais ne leur a jamais montré toute sa chaleur.

その後、彼は彼らを容認はしたものの、彼らに全面的な温かさを見せることはなかった。

Il prenait de la nourriture ou des marques de gentillesse de leur part comme s'il leur rendait service.

彼はまるで彼らに親切にするかのように、彼らから食べ物や親切を受け取りました。

Ils étaient comme Thornton : simples, honnêtes et clairs dans leurs pensées.

彼らはソーントンのように単純で、正直で、考えが明晰でした。

Tous ensemble, ils se rendirent à la scierie de Dawson et au grand tourbillon

彼らは全員一緒にドーソンの製材所とグレートエディへ旅した。

Au cours de leur voyage, ils ont appris à comprendre profondément la nature de Buck.

旅の途中で彼らはバックの本質を深く理解するようになった。

Ils n'ont pas essayé de se rapprocher comme Skeet et Nig l'avaient fait.

彼らはスキートとニグのように親しくなろうとはしなかった。

Mais l'amour de Buck pour John Thornton n'a fait que s'approfondir avec le temps.

しかし、バックのジョン・ソーントンに対する愛情は時とともに深まるばかりだった。

Seul Thornton pouvait placer un sac sur le dos de Buck en été.

夏にバックの背中にパックを載せることができたのはソーントンだけだった。

Quoi que Thornton ordonne, Buck était prêt à l'exécuter pleinement.

ソーントンが命じたことは何でも、バックは喜んで全力で従った。

Un jour, après avoir quitté Dawson pour les sources du Tanana,

ある日、ドーソンを出発してタナナ川の源流に向かったとき、

le groupe était assis sur une falaise qui descendait d'un mètre jusqu'au substrat rocheux nu.

グループは、岩盤がむき出しになるまで3フィート下がった崖の上に座っていた。

John Thornton était assis près du bord et Buck se reposait à côté de lui.

ジョン・ソーントンは端の近くに座り、バックはその隣で休んだ。

Thornton eut une pensée soudaine et attira l'attention des hommes.

ソーントンは突然思いついて、男たちの注意を促した。

Il désigna le gouffre et donna un seul ordre à Buck.

彼は峡谷の向こうを指差してバックに一つの命令を下した。

« Saute, Buck ! » dit-il en balançant son bras au-dessus de la chute.

「ジャンプ、バック！」彼は腕を振り上げて落下地点を超えた。

En un instant, il dut attraper Buck, qui sautait pour obéir.

すぐに、彼は、従うために飛び上がっていたバックをつかまなければなりませんでした。

Hans et Pete se sont précipités en avant et ont ramené les deux hommes en sécurité.

ハンスとピートは急いで前に進み出て、二人を安全な場所まで引き戻しました。

Une fois que tout fut terminé et qu'ils eurent repris leur souffle, Pete prit la parole.

すべてが終わり、彼らが息を整えた後、ピートが口を開いた。

« L'amour est étrange », dit-il, secoué par la dévotion féroce du chien.

「その愛は不思議なものだ」と彼は犬の激しい献身に心を揺さぶられながら言った。

Thornton secoua la tête et répondit avec un sérieux calme.

ソーントンは首を横に振り、冷静に真剣な表情で答えた。

« Non, l'amour est splendide », dit-il, « mais aussi terrible. »

「いや、愛は素晴らしい」と彼は言った。「しかしまた恐ろしいものでもある。」

« Parfois, je dois l'admettre, ce genre d'amour me fait peur. »

「時々、この種の愛は私を怖がらせると認めざるを得ません。」

Pete hocha la tête et dit : « Je détesterais être l'homme qui te touche. »

ピートはうなずいて言った。「君に触れる男にはなりたくないな。」

Il regarda Buck pendant qu'il parlait, sérieux et plein de respect.

彼は話しながら、真剣な表情と敬意を込めてバックを見つめた。

« Py Jingo ! » s'empressa de dire Hans. « Moi non plus, non monsieur. »

「ピィ・ジンゴ！」ハンスは慌てて言った。「僕もです、旦那様」

Avant la fin de l'année, les craintes de Pete se sont réalisées à Circle City.

その年が終わる前に、ピートの恐れはサークル・シティで現実になった。

Un homme cruel nommé Black Burton a provoqué une bagarre dans le bar.

ブラック・バートンという名の冷酷な男がバーで喧嘩を売ってきた。

Il était en colère et malveillant, s'en prenant à un nouveau tendre.

彼は怒りと悪意に満ち、新しく入社したばかりの者を激しく攻撃した。

John Thornton est intervenu, calme et de bonne humeur comme toujours.

ジョン・ソーントンがいつものように落ち着いて温厚な態度で介入した。

Buck était allongé dans un coin, la tête baissée, observant Thornton de près.

バックは頭を下げて隅に横たわり、ソーントンをじっと見つめていた。

Burton frappa soudainement, son coup envoyant Thornton tourner.

バートンが突然攻撃を仕掛け、そのパンチでソーントンは回転した。

Seule la barre du bar l'a empêché de s'écraser violemment au sol.

バーのレールだけが、彼が地面に激しく衝突するのを防いでいた。

Les observateurs ont entendu un son qui n'était ni un aboiement ni un cri.

監視員たちは吠え声でも鳴き声でもない音を聞いた

un rugissement profond sortit de Buck alors qu'il se lançait vers l'homme.

バックが男に向かって突進すると、低い叫び声が上がった。

Burton a levé le bras et a sauvé sa vie de justesse.

バートンは腕を上げて、かろうじて自分の命を救った。

Buck l'a percuté, le faisant tomber à plat sur le sol.

バックは彼に激突し、彼を床に叩きつけた。

Buck mordit profondément le bras de l'homme, puis se jeta à la gorge.

バックは男の腕を深く噛み、それから喉に突進した。

Burton n'a pu bloquer que partiellement et son cou a été déchiré.

バートンは部分的にしかブロックできず、首が裂けてしまった。

Des hommes se sont précipités, les bâtons levés, et ont chassé Buck de l'homme ensanglanté.

男たちが突入し、棍棒を振り上げ、血を流している男のバックを追い払った。

Un chirurgien est intervenu rapidement pour arrêter l'écoulement du sang.

外科医はすぐに血の流出を止める手術を行った。

Buck marchait de long en large et grognait, essayant d'attaquer encore et encore.

雄鹿は歩き回り、うなり声をあげ、何度も攻撃しようとした。

Seuls les coups de massue l'ont empêché d'atteindre Burton.

スイングクラブだけが彼をバートンに近づけないようにしていた。

Une réunion de mineurs a été convoquée et tenue sur place.

炭鉱労働者の集会が招集され、その場で開催されました。

Ils ont convenu que Buck avait été provoqué et ont voté pour le libérer.

彼らはバックが挑発されたことに同意し、彼を釈放することに投票した。

Mais le nom féroce de Buck résonnait désormais dans tous les camps d'Alaska.

しかし、バックの勇ましい名前は、今やアラスカのあらゆるキャンプに響き渡っていた。

Plus tard cet automne-là, Buck sauva à nouveau Thornton d'une nouvelle manière.

その年の秋、バックは新たな方法で再びソーントンを救った。

Les trois hommes guidaient un long bateau sur des rapides
impétueux.

３人の男は長いボートを操縦して、激しい急流を下って
いた。

Thornton dirigeait le bateau et donnait des indications pour
se rendre sur le rivage.

ソーントンはボートを操縦し、岸までの道順を指示した
。

Hans et Pete couraient sur terre, tenant une corde d'arbre en
arbre.

ハンスとピートは木から木へとロープをつかみながら陸
上を走りました。

Buck suivait le rythme sur la rive, surveillant toujours son
maître.

バックは主人を常に見守りながら、岸辺を歩き続けた。

À un endroit désagréable, des rochers surplombaient les
eaux vives.

ある厄介な場所では、速い水の下に岩が突き出ていまし
た。

Hans lâcha la corde et Thornton dirigea le bateau vers le
large.

ハンスはロープを放し、ソーントンはボートを大きく舵
取りした。

Hans sprinta pour rattraper le bateau en passant devant les
rochers dangereux.

ハンスは危険な岩を通り過ぎて再びボートに追いつくた
めに全力疾走した。

Le bateau a franchi le rebord mais a heurté une partie plus
forte du courant.

ボートは岩棚を越えたが、流れのより強い部分にぶつか
った。

Hans a attrapé la corde trop vite et a déséquilibré le bateau.

ハンスはロープを素早く掴みすぎたため、ボートのバラ
ンスを崩してしまいました。

Le bateau s'est retourné et a heurté la berge, cul en l'air.

ボートはひっくり返って底を上にして岸に激突した。

Thornton a été jeté dehors et emporté dans la partie la plus sauvage de l'eau.

ソーントンは投げ出され、水の最も荒れた部分へと流された。

Aucun nageur n'aurait pu survivre dans ces eaux mortelles et tumultueuses.

あの危険な流れの激しい水の中では、どんな水泳選手も生き残れなかっただろう。

Buck sauta instantanément et poursuivit son maître sur la rivière.

バックはすぐに飛び込んで、主人を川下まで追いかけました。

Après trois cents mètres, il atteignit enfin Thornton.

300ヤードを歩いて、ついに彼はソーントンに到着した。

Thornton attrapa la queue de Buck, et Buck se tourna vers le rivage.

ソーントンはバックの尻尾をつかみ、バックは岸の方へ向きを変えた。

Il nageait de toutes ses forces, luttant contre la force de l'eau.

彼は水の激しい抵抗と戦いながら全力で泳いだ。

Ils se déplaçaient en aval plus vite qu'ils ne pouvaient atteindre le rivage.

彼らは岸に着くよりも速く下流へ移動した。

Plus loin, la rivière rugissait plus fort alors qu'elle tombait dans des rapides mortels.

前方では、川がさらに大きな轟音を立てて、致命的な急流に落ちていった。

Les rochers fendaient l'eau comme les dents d'un énorme peigne.

岩が巨大な櫛の歯のように水を切り裂いた。

L'attraction de l'eau près de la chute était sauvage et inévitable.

滝の近くの水の引力は猛烈で逃れられないものでした。

Thornton savait qu'ils ne pourraient jamais atteindre le rivage à temps.

ソーントンは彼らが時間通りに岸に着くことは絶対に不可能だと知っていた。

Il a gratté un rocher, s'est écrasé sur un deuxième,

彼は一つの岩を擦り、もう一つの岩を叩き、

Et puis il s'est écrasé contre un troisième rocher, l'attrapant à deux mains.

そして彼は3つ目の岩にぶつかり、両手でそれを掴みました。

Il lâcha Buck et cria par-dessus le rugissement : « Vas-y, Buck ! Vas-y ! »

彼はバックを放し、轟音の中で叫びました。「行け、バック！行け！」

Buck n'a pas pu rester à flot et a été emporté par le courant.

バックは浮かんでいられず、流れに流されてしまった。

Il s'est battu avec acharnement, s'efforçant de se retourner, mais n'a fait aucun progrès.

彼は一生懸命抵抗し、方向転換しようとしたが、まったく前進しなかった。

Puis il entendit Thornton répéter l'ordre par-dessus le rugissement de la rivière.

すると、ソーントンが川の轟音にかき消されずに命令を繰り返す声が聞こえた。

Buck sortit de l'eau et leva la tête comme pour un dernier regard.

バックは水から立ち上がって、最後にもう一度見ようとするかのように頭を上げた。

puis il se retourna et obéit, nageant vers la rive avec résolution.

それから向きを変えて従い、決意を持って岸に向かって泳ぎました。

Pete et Hans l'ont tiré à terre au dernier moment possible.

ピートとハンスは最後の瞬間に彼を岸に引き上げた。

Ils savaient que Thornton ne pourrait s'accrocher au rocher que quelques minutes de plus.

彼らは、ソーントンがあと数分しか岩にしがみついていられないことを知っていた。

Ils coururent sur la berge jusqu'à un endroit bien au-dessus de l'endroit où il était suspendu.

彼らは土手を駆け上がり、彼がぶら下がっている場所よりずっと上の地点まで行った。

Ils ont soigneusement attaché la ligne du bateau au cou et aux épaules de Buck.

彼らはボートのロープをバックの首と肩に慎重に結び付けた。

La corde était serrée mais suffisamment lâche pour permettre la respiration et le mouvement.

ロープはぴったりとフィットしていましたが、呼吸や動きに支障のない程度に緩んでいました。

Puis ils le jetèrent à nouveau dans la rivière tumultueuse et mortelle.

それから彼らは彼を再び激流の危険な川に投げ込んだ。

Buck nageait avec audace mais manquait son angle face à la force du courant.

バックは大胆に泳いだが、流れの勢いに逆らって泳ぐ角度を間違えた。

Il a vu trop tard qu'il allait dépasser Thornton.

彼はソーントンを通り過ぎようとしていることに気づくのが遅すぎた。

Hans tira fort sur la corde, comme si Buck était un bateau en train de chavirer.

ハンスは、まるでバックが転覆する船であるかのように、ロープを強く引っ張った。

Le courant l'a entraîné vers le fond et il a disparu sous la surface.

彼は流れに引き込まれ、水面下に消えていった。

Son corps a heurté la berge avant que Hans et Pete ne le sortent.

ハンスとピートが彼を引き上げる前に、彼の体は岸に激突した。

Il était à moitié noyé et ils l'ont chassé de l'eau.

彼は半分溺れていたが、彼らは彼から水を叩き出した。

Buck se leva, tituba et s'effondra à nouveau sur le sol.

バックは立ち上がり、よろめき、再び地面に倒れた。

Puis ils entendirent la voix de Thornton faiblement portée par le vent.

そのとき、彼らは風に乗ってかすかにソーントンの声が聞こえた。

Même si les mots n'étaient pas clairs, ils savaient qu'il était proche de la mort.

言葉は不明瞭だったが、彼らは彼が死期が近いことを知った。

Le son de la voix de Thornton frappa Buck comme une décharge électrique.

ソーントンの声がバックに電撃のように衝撃を与えた。

Il sauta et courut sur la berge, retournant au point de lancement.

彼は飛び上がって土手を駆け上がり、出発地点に戻った。

Ils attachèrent à nouveau la corde à Buck, et il entra à nouveau dans le ruisseau.

再び彼らはバックにロープを結び、バックは再び川に入った。

Cette fois, il nagea directement et fermement dans l'eau tumultueuse.

今度は、彼は勢いよく流れ込む水の中へまっすぐに、そしてしっかりと泳ぎ込んだ。

Hans laissa sortir la corde régulièrement tandis que Pete l'empêchait de s'emmêler.

ハンスはロープを着実に繰り出し、ピートはロープが絡まらないようにした。

Buck a nagé avec acharnement jusqu'à ce qu'il soit aligné juste au-dessus de Thornton.

バックはソーントンの真上に並ぶまで懸命に泳ぎ続けた。

Puis il s'est retourné et a foncé comme un train à toute vitesse.

それから彼は向きを変え、全速力で走る列車のように突進しました。

Thornton le vit arriver, se redressa et entoura son cou de ses bras.

ソーントンは彼が近づいてくるのを見て、身構え、彼の首に腕を回した。

Hans a attaché la corde fermement autour d'un arbre alors qu'ils étaient tous les deux entraînés sous l'eau.

ハンスは二人が引き込まれると、ロープを木の周りにしっかりと結びました。

Ils ont dégringolé sous l'eau, s'écrasant contre des rochers et des débris de la rivière.

彼らは水中に転落し、岩や川の残骸に激突した。

Un instant, Buck était au sommet, l'instant d'après, Thornton se levait en haletant.

一瞬バックが優位に立ったが、次の瞬間ソーントンが息を切らしながら立ち上がった。

Battus et étouffés, ils se dirigèrent vers la rive et la sécurité.

打ちのめされ、窒息しそうになりながら、彼らは岸へと転進し安全な場所に避難した。

Thornton a repris connaissance, allongé sur un tronc d'arbre.

ソーントンは流木の上に横たわり、意識を取り戻した。

Hans et Pete ont travaillé dur pour lui redonner souffle et vie.

ハンスとピートは彼に呼吸と命を取り戻すために懸命に働きました。

Sa première pensée fut pour Buck, qui gisait immobile et mou.

彼の最初の考えは、動かずぐったりと横たわっているバックのことだった。

Nig hurla sur le corps de Buck et Skeet lui lécha doucement le visage.

ニグはバックの体の上で吠え、スキートはバックの顔を優しく舐めた。

Thornton, endolori et meurtri, examina Buck avec des mains prudentes.

ソーントンは、痛みと傷を負いながらも、慎重にバックを診察した。

Il a trouvé trois côtes cassées, mais aucune blessure mortelle chez le chien.

犬の肋骨が3本折れているのが見つかったが、致命傷はなかった。

« C'est réglé », dit Thornton. « On campe ici. » Et c'est ce qu'ils firent.

「それで決まりだ」とソーントンは言った。「ここでキャンプする」そして彼らは実際にキャンプした。

Ils sont restés jusqu'à ce que les côtes de Buck soient guéries et qu'il puisse à nouveau marcher.

彼らはバックの肋骨が治り、彼が再び歩けるようになるまでそこに留まりました。

Cet hiver-là, Buck accomplit un exploit qui augmenta encore sa renommée.

その冬、バックは彼の名声をさらに高める偉業を成し遂げた。

C'était moins héroïque que de sauver Thornton, mais tout aussi impressionnant.

それはソーントンを救ったことほど英雄的ではなかったが、同じくらい印象的だった。

À Dawson, les partenaires avaient besoin de provisions pour un long voyage.

ドーソンでは、パートナーたちは遠出の旅に必要な物資を必要としていました。

Ils voulaient voyager vers l'Est, dans des terres sauvages et intactes.

彼らは東の、人の手が入っていない荒野へ旅したいと考えていました。

L'acte de Buck dans l'Eldorado Saloon a rendu ce voyage possible.

エルドラド・サルーンでのバックの功績により、その旅が可能になった。

Tout a commencé avec des hommes qui se vantaient de leurs chiens en buvant un verre.

それは、酒を飲みながら自分の犬を自慢する男性たちから始まった。

La renommée de Buck a fait de lui la cible de défis et de doutes.

バックの名声のせいで、彼は挑戦と疑いの的となった。

Thornton, fier et calme, resta ferme dans la défense du nom de Buck.

ソーントンは誇り高く冷静に、バックの名誉を守るために毅然とした態度を貫いた。

Un homme a déclaré que son chien pouvait facilement tirer deux cents kilos.

ある男性は、自分の犬は500ポンドを楽々と引っ張ることができると言いました。

Un autre a dit six cents, et un troisième s'est vanté d'en avoir sept cents.

別の者は600だと言い、3人目は700だと自慢した。

« Pfft ! » dit John Thornton, « Buck peut tirer un traîneau de mille livres. »

「ふん！」ジョン・ソーントンは言った。「バックは1000ポンドのそりを引けるんだぞ。」

Matthewson, un roi de Bonanza, s'est penché en avant et l'a défié.

ボナンザ・キングのマシューソンは身を乗り出して彼に挑戦した。

« Tu penses qu'il peut mettre autant de poids en mouvement ? »

「彼はそんなに重いものを動かせると思いますか？」

« Et tu penses qu'il peut tirer le poids sur une centaine de mètres ? »

「それで、彼は100ヤードも重量物を引っ張れると思いますか？」

Thornton répondit froidement : « Oui. Buck est assez doué pour le faire. »

ソーントンは冷静に答えた。「ああ。バックはそれをやるだけの力がある」

« Il mettra mille livres en mouvement et le tirera sur une centaine de mètres. »

「彼は1000ポンドを動かして、それを100ヤード引っ張るでしょう。」

Matthewson sourit lentement et s'assura que tous les hommes entendaient ses paroles.

マシューソンはゆっくりと微笑み、全員が自分の言葉を聞いていることを確認した。

« J'ai mille dollars qui disent qu'il ne peut pas. Le voilà. »

「彼には無理だと証明する1000ドルの証拠がある。これだ」

Il a claqué un sac de poussière d'or de la taille d'une saucisse sur le bar.

彼はソーセージほどの大きさの金粉の袋をバーに叩きつけた。

Personne ne dit un mot. Le silence devint pesant et tendu autour d'eux.

誰も一言も発しなかった。周囲に重苦しい沈黙と緊張が漂った。

Le bluff de Thornton – s'il en était un – avait été pris au sérieux.

ソーントンのブラフは、もしそうであったとしても、真剣に受け止められた。

Il sentit la chaleur monter sur son visage tandis que le sang affluait sur ses joues.

彼は頬に血が上って顔が熱くなるのを感じた。

Sa langue avait pris le pas sur sa raison à ce moment-là.

その瞬間、彼の言葉は理性を先取りしていた。

Il ne savait vraiment pas si Buck pouvait déplacer mille livres.

バックが1000ポンドを動かせるかどうか、彼には本当にわからなかった。

Une demi-tonne ! Rien que sa taille lui pesait le cœur.

なんと半トン！その大きさだけでも胸が重くなる。

Il avait foi en la force de Buck et le pensait capable.

彼はバックの強さを信頼しており、彼が有能だと考えていた。

Mais il n'avait jamais été confronté à ce genre de défi, pas comme celui-ci.

しかし、彼はこのような種類の課題に直面したことがなかった。

Une douzaine d'hommes l'observaient tranquillement, attendant de voir ce qu'il allait faire.

12人の男たちが静かに彼を見て、彼が何をするかを待っていた。

Il n'avait pas d'argent, ni Hans ni Pete.

彼にはお金がなかった。ハンスにもピートにもお金がなかった。

« J'ai un traîneau dehors », dit Matthewson froidement et directement.

「外にそりがあるよ」とマシューソンは冷たく直接言った。

« Il est chargé de vingt sacs de cinquante livres chacun, tous de farine.

「20袋、それぞれ50ポンドの小麦粉が詰まっています。

« Alors ne laissez pas un traîneau manquant devenir votre excuse maintenant », a-t-il ajouté.

だから今は、そりがなくなったことを言い訳にしてはいけない」と彼は付け加えた。

Thornton resta silencieux. Il ne savait pas quels mots lui dire.

ソーントンは黙って立っていた。何と言えばいいのか分からなかった。

Il regarda les visages autour de lui sans les voir clairement.

彼ははっきりと顔は見えないまま、周囲を見回した。

Il ressemblait à un homme figé dans ses pensées, essayant de redémarrer.

彼は、考え込んで立ち直ろうとしている男のように見えた。

Puis il a vu Jim O'Brien, un ami de l'époque Mastodon.

すると彼は、マストドン時代の友人であるジム・オブライエンに会った。

Ce visage familier lui a donné un courage qu'il ne savait pas avoir.

その馴染みのある顔は、彼に、自分が持っているとは知らなかった勇気を与えた。

Il se tourna et demanda à voix basse : « Peux-tu me prêter mille ? »

彼は振り返って低い声で尋ねました。「1000ドル貸してもらえますか？」

« Bien sûr », dit O'Brien, laissant déjà tomber un lourd sac près de l'or.

「もちろんだ」オブライエンは、重い袋を金貨のそばに落としながら言った。

« Mais honnêtement, John, je ne crois pas que la bête puisse faire ça. »

「でも正直に言うと、ジョン、あの獣がそんなことできるとは思えないよ。」

Tout le monde dans le Saloon Eldorado s'est précipité dehors pour voir l'événement.

エルドラド・サルーンにいた全員が、その出来事を見るために外に駆け出しました。

Ils ont laissé les tables et les boissons, et même les jeux ont été interrompus.

彼らはテーブルと飲み物を去り、ゲームさえも中断しました。

Les croupiers et les joueurs sont venus assister à la fin de ce pari audacieux.

ディーラーとギャンブラーたちは、大胆な賭けの結末を見届けるためにやって来た。

Des centaines de personnes se sont rassemblées autour du traîneau dans la rue glacée.

凍った広い道路に置かれたそりの周りには何百人もの人が集まりました。

Le traîneau de Matthewson était chargé d'une charge complète de sacs de farine.

マシューソンのそりには小麦粉の袋が満載されていた。

Le traîneau était resté immobile pendant des heures à des températures négatives.

そりはマイナス気温の中で何時間も放置されていた。

Les patins du traîneau étaient gelés et collés à la neige tassée.

そりの滑走部は踏み固められた雪にぴったりと凍りついていた。

Les hommes ont offert une cote de deux contre un que Buck ne pourrait pas déplacer le traîneau.

男たちは、バックがそりを動かせなくなる確率は2対1だと主張。

Une dispute a éclaté sur ce que signifiait réellement « sortir ».

「ブレイクアウト」が実際に何を意味するかについて論争が勃発した。

O'Brien a déclaré que Thornton devrait desserrer la base gelée du traîneau.

オブライエン氏は、ソーントン氏がそりの凍った底を緩めるべきだと述べた。

Buck pourrait alors « sortir » d'un départ solide et immobile.

すると、バックはしっかりとした静止したスタートから「抜け出す」ことができるのです。

Matthewson a soutenu que le chien devait également libérer les coureurs.

マシューソンさんは、犬もランナーを解放しなければならないと主張した。

Les hommes qui avaient entendu le pari étaient d'accord avec le point de vue de Matthewson.

その賭けを聞いた男たちはマシューソンの意見に同意した。

Avec cette décision, les chances sont passées à trois contre un contre Buck.

この判決により、バック氏の不利な状況は3対1に跳ね上がった。

Personne ne s'est manifesté pour prendre en compte les chances croissantes de trois contre un.

3対1の差が拡大する中、誰も前に出ようとしなかった。

Pas un seul homme ne croyait que Buck pouvait accomplir un tel exploit.

バックがその偉業を成し遂げられると信じた者は一人もいなかった。

Thornton s'était précipité dans le pari, lourd de doutes.

ソーントンは強い疑念を抱きながら、賭けに飛び込んだ。

Il regarda alors le traîneau et l'attelage de dix chiens à côté.

今、彼はそりと、その横の十頭の犬ぞりに目をやった。

En voyant la réalité de la tâche, elle semblait encore plus impossible.

課題の現実を見ると、さらに不可能に思えてきました。

Matthewson était plein de fierté et de confiance à ce moment-là.

マシューソンはその瞬間、誇りと自信に満ち溢れていた。

« Trois contre un ! » cria-t-il. « Je parie mille de plus, Thornton !

「三対一だ！」と彼は叫んだ。「さらに千ドル賭けてやるよ、ソーントン！」

« Que dites-vous ? » ajouta-t-il, assez fort pour que tout le monde l'entende.

「何と言いますか？」と彼は全員に聞こえるくらい大きな声で付け加えた。

Le visage de Thornton exprimait ses doutes, mais son esprit s'était élevé.

ソーントンの顔には疑念が浮かんでいたが、彼の精神は高揚していた。

Cet esprit combatif ignorait les probabilités et ne craignait rien du tout.

その闘志は逆境をものともせず、何も恐れなかった。

Il a appelé Hans et Pete pour apporter tout leur argent sur la table.

彼はハンスとピートに現金を全部テーブルに持ってくる
ように呼びかけた。

Il ne leur restait plus grand-chose : seulement deux cents
dollars au total.

彼らに残ったのはわずか 200 ドルだけだった。

Cette petite somme représentait toute leur fortune pendant
les temps difficiles.

このわずかな金額が、苦難の時代における彼らの全財産
だった。

Pourtant, ils ont misé toute leur fortune contre le pari de
Matthewson.

それでも、彼らはマシューソンの賭けに全財産を賭けた
。

L'attelage de dix chiens a été dételé et éloigné du traîneau.

10頭の犬ぞりは繋ぎが解かれ、そりから離れ去った。

Buck a été placé dans les rênes, portant son harnais familier.

バックはいつもの馬具を着けて手綱を握った。

Il avait capté l'énergie de la foule et ressenti la tension.

彼は群衆のエネルギーを感知し、緊張を感じ取った。

D'une manière ou d'une autre, il savait qu'il devait faire
quelque chose pour John Thornton.

どういうわけか、彼はジョン・ソーントンのために何か
をしなくてはならないことを知っていました。

Les gens murmuraient avec admiration devant la fière
silhouette du chien.

人々は犬の誇らしげな姿に感嘆の声をあげた。

Il était mince et fort, sans une seule once de chair
supplémentaire.

彼は痩せていて強健で、余分な肉はひとつもなかった。

Son poids total de cent cinquante livres n'était que
puissance et endurance.

彼の総重量150ポンドはすべて力と持久力でした。

Le pelage de Buck brillait comme de la soie, épais de santé et
de force.

バックの毛皮は健康と強さで厚く、絹のように輝いてい
た。

La fourrure le long de son cou et de ses épaules semblait se soulever et se hérisser.

首や肩の毛が浮き上がって逆立っているように見えた。

Sa crinière bougeait légèrement, chaque cheveu vivant de sa grande énergie.

彼のたてがみはわずかに動いていて、毛の一本一本が彼の大きなエネルギーで生き生きとしていた。

Sa large poitrine et ses jambes fortes correspondaient à sa silhouette lourde et robuste.

彼の広い胸と強い脚は、彼の重くて頑丈な体格によく似合っていた。

Des muscles ondulaient sous son manteau, tendus et fermes comme du fer lié.

彼のコートの下で筋肉が波打っており、鉄のように引き締まっていた。

Les hommes le touchaient et juraient qu'il était bâti comme une machine en acier.

男たちは彼に触れて、彼が鋼鉄の機械のような体格だと断言した。

Les chances ont légèrement baissé à deux contre un contre le grand chien.

偉大な犬に対するオッズはわずかに2対1に下がりました。

Un homme des bancs de Skookum s'avança en bégayant.

スクーカムベンチの男がどもりながら前に進み出た。

« Bien, monsieur ! J'offre huit cents pour lui – avant l'examen, monsieur ! »

「結構です！テスト前なので800ドル差し上げます！」

« Huit cents, tel qu'il est en ce moment ! » insista l'homme.

「今の体重だと800キロだ！」男は主張した。

Thornton s'avança, sourit et secoua calmement la tête.

ソーントンは前に進み出て微笑み、静かに首を振った。

Matthewson est rapidement intervenu avec une voix d'avertissement et un froncement de sourcils.

マシューソンはすぐに介入し、警告の声を上げて眉をひそめた。

« Éloignez-vous de lui », dit-il. « Laissez-lui de l'espace. »

「彼から離れなさい」と彼は言った。「彼にスペースを与えなさい」

La foule se tut ; seuls les joueurs continuaient à miser deux contre un.

群衆は静まり返り、ギャンブラーだけがまだ2対1で賭けを申し出ていた。

Tout le monde admirait la carrure de Buck, mais la charge semblait trop lourde.

誰もがバックの体格を賞賛したが、荷物が大きすぎるように見えた。

Vingt sacs de farine, pesant chacun cinquante livres, semblaient beaucoup trop.

小麦粉20袋（各50ポンドの重さ）は多すぎるように思えました。

Personne n'était prêt à ouvrir sa bourse et à risquer son argent.

誰もポーチを開けてお金を危険にさらそうとはしませんでした。

Thornton s'agenouilla à côté de Buck et prit sa tête à deux mains.

ソーントンはバックの横にひざまずき、両手で彼の頭を包んだ。

Il pressa sa joue contre celle de Buck et lui parla à l'oreille.

彼はバックの頬に自分の頬を押し当てて、耳元で話しかけた。

Il n'y avait plus de secousses enjouées ni d'insultes affectueuses murmurées.

今では、ふざけて体を揺らしたり、愛を込めてささやき合ったりすることはない。

Il murmura simplement doucement : « Autant que tu m'aimes, Buck. »

彼はただ小さく呟いた。「君が僕を愛しているのと同じくらい、バック。」

Buck émit un gémissement silencieux, son impatience à peine contenue.

バックは静かに鳴き声をあげたが、熱意をかろうじて抑えていた。

Les spectateurs observaient avec curiosité la tension qui emplissait l'air.

緊張感が漂う中、傍観者たちは好奇心を持って見守った。

Le moment semblait presque irréel, comme quelque chose qui dépassait la raison.

その瞬間は、まるで理屈を超えた何かのようで、ほとんど非現実的に感じられました。

Lorsque Thornton se leva, Buck prit doucement sa main dans ses mâchoires.

ソーントンが立ち上がると、バックはそっと彼の手を口の中に入れた。

Il appuya avec ses dents, puis relâcha lentement et doucement.

彼は歯で押さえ、それからゆっくりと優しく離した。

C'était une réponse silencieuse d'amour, non prononcée, mais comprise.

それは言葉で表現されたものではなく、理解された愛の静かな答えでした。

Thornton s'éloigna du chien et donna le signal.

ソーントンは犬から十分離れて合図を出した。

« Maintenant, Buck », dit-il, et Buck répondit avec un calme concentré.

「さて、バック」と彼は言い、バックは冷静に集中して応えた。

Buck a resserré les traces, puis les a desserrées de quelques centimètres.

バックは、レールを締め、それから数インチ緩めました。

C'était la méthode qu'il avait apprise ; sa façon de briser le traîneau.

これは彼が学んだ方法であり、そりを壊す彼のやり方だった。

« Tiens ! » cria Thornton, sa voix aiguë dans le silence pesant.

「おいおい！」ソーントンは重苦しい沈黙の中で鋭い声で叫んだ。

Buck se tourna vers la droite et se jeta de tout son poids.

バックは右に向きを変え、全身全霊で突進した。

Le mou disparut et toute la masse de Buck heurta les lignes serrées.

たるみは消え、バックの全質量がタイトなトレースにぶつかりました。

Le traîneau tremblait et les patins émettaient un bruit de crépitement.

そりは震え、ランナーはパリパリという音を立てた。

« Haw ! » ordonna Thornton, changeant à nouveau la direction de Buck.

「ホー！」ソーントンは再びバックの方向を変えながら命令した。

Buck répéta le mouvement, cette fois en tirant brusquement vers la gauche.

バックは同じ動きを繰り返し、今度は鋭く左に引いた。

Le traîneau craquait plus fort, les patins claquaient et se déplaçaient.

そりの音がさらに大きくなり、ランナーがパチンと音を立ててずれた。

La lourde charge glissait légèrement latéralement sur la neige gelée.

重い荷物は凍った雪の上をわずかに横に滑りました。

Le traîneau s'était libéré de l'emprise du sentier glacé !

そりは凍った道のグリップから抜け出しました！

Les hommes retenaient leur souffle, ignorant qu'ils ne respiraient même pas.

男たちは息を止めていたが、自分たちが呼吸をしていないことにも気づいていなかった。

« Maintenant, TIREZ ! » cria Thornton à travers le silence glacial.

「さあ、引け！」凍りついた沈黙の中でソーントンは叫んだ。

L'ordre de Thornton résonna fort, comme le claquement d'un fouet.

ソーントンの命令は鞭の音のように鋭く響き渡った。

Buck se jeta en avant avec un mouvement violent et saccadé.

バックは激しく、衝撃を与える突進で前方に突進した。

Tout son corps se tendit et se contracta sous l'énorme tension.

彼の全身は大きな負担で緊張し、縮こまってしまった。

Des muscles ondulaient sous sa fourrure comme des serpents prenant vie.

毛皮の下で筋肉が波打っており、蛇が生き返ったようだった。

Sa large poitrine était basse, la tête tendue vers l'avant en direction du traîneau.

彼の大きな胸は低く垂れ下がり、頭はそりに向かって前方に伸びていた。

Ses pattes bougeaient comme l'éclair, ses griffes tranchant le sol gelé.

彼の足は稲妻のように動き、爪が凍った地面を切り裂いた。

Des rainures ont été creusées profondément alors qu'il luttait pour chaque centimètre de traction.

彼が少しでもトラクションを得ようと奮闘するにつれ、溝は深く刻まれていった。

Le traîneau se balança, trembla et commença un mouvement lent et agité.

そりは揺れ、震え、ゆっくりと不安定な動きを始めた。

Un pied a glissé et un homme dans la foule a gémi à haute voix.

片足が滑って、群衆の中の男が大きな声でうめき声をあげた。

Puis le traîneau s'élança en avant dans un mouvement saccadé et brusque.

するとそりはガクガクと激しく動きながら前方に突進した。

Cela ne s'est pas arrêté à nouveau - un demi-pouce... un pouce... deux pouces de plus.

それはまた止まらなかった。半インチ、1インチ、さらに2インチ。

Les secousses devinrent plus faibles à mesure que le traîneau commençait à prendre de la vitesse.

そりがスピードを上げ始めると、揺れは小さくなっていった。

Bientôt, Buck tirait avec une puissance douce et régulière.

すぐにバックはスムーズで均一な回転力で牽引するようになりました。

Les hommes haletèrent et finirent par se rappeler de respirer à nouveau.

男たちは息を呑み、ようやく再び呼吸することを思い出した。

Ils n'avaient pas remarqué que leur souffle s'était arrêté de stupeur.

彼らは畏怖の念で息が止まっていたことに気づいていなかった。

Thornton courait derrière, lançant des ordres courts et joyeux.

ソーントンは短く明るい命令を叫びながら後ろを走った。

Devant nous se trouvait une pile de bois de chauffage qui marquait la distance.

前方には距離を示す薪の山がありました。

Alors que Buck s'approchait du tas, les acclamations devenaient de plus en plus fortes.

バックが山に近づくにつれて、歓声はますます大きくなった。

Les acclamations se sont transformées en rugissement lorsque Buck a dépassé le point d'arrivée.

バックがゴール地点を通過すると、歓声は大音響にまで高まった。

Les hommes ont sauté et crié, même Matthewson a esquissé un sourire.

男たちは飛び上がって叫び、マシューソン氏さえも笑顔を見せた。

Les chapeaux volaient dans les airs, les mitaines étaient lancées sans réfléchir ni viser.

帽子は空に舞い、手袋は考えも目的もなく投げられた。

Les hommes se sont attrapés et se sont serré la main sans savoir à qui.

男たちは、誰とも知らずに、互いに掴み合って握手をした。

Toute la foule bourdonnait d'une célébration folle et joyeuse.

群衆全体が熱狂的な喜びの祝賀でざわめいた。

Thornton tomba à genoux à côté de Buck, les mains tremblantes.

ソーントンは震える手でバックの横にひざまずいた。

Il pressa sa tête contre celle de Buck et le secoua doucement d'avant en arrière.

彼はバックの頭に自分の頭を押し当てて、優しく前後に揺さぶった。

Ceux qui s'approchaient l'entendaient maudire le chien avec un amour silencieux.

近づいた人々は、彼が静かに愛情を込めて犬を呪うのを聞いた。

Il a insulté Buck pendant un long moment, doucement, chaleureusement, avec émotion.

彼はバックに向かって長い間、優しく、熱く、感情を込めて罵り続けた。

« Bien, monsieur ! Bien, monsieur ! » s'écria précipitamment le roi du Banc Skookum.

「よかったです！よかったです！」スクーカムベンチの王は慌てて叫んだ。

« Je vous donne mille, non, douze cents, pour ce chien, monsieur ! »

「その犬に1000ドル、いえ、1200ドルお支払いします！」

Thornton se leva lentement, les yeux brillants d'émotion.

ソーントンは感情に輝いた目でゆっくりと立ち上がった。

Les larmes coulaient ouvertement sur ses joues sans aucune honte.

彼の頬には恥ずかしげもなく涙が流れ落ちた。

« Monsieur », dit-il au roi du banc Skookum, ferme et posé.

「閣下」彼はスクーカムベンチキングに、落ち着いて毅然と言った。

« Non, monsieur. Allez au diable, monsieur. C'est ma réponse définitive. »

「いいえ。地獄に落ちてください。これが私の最終的な答えです。」

Buck attrapa doucement la main de Thornton dans ses mâchoires puissantes.

バックは力強い顎でソーントンの手を優しく掴んだ。

Thornton le secoua de manière enjouée, leur lien étant plus profond que jamais.

ソーントンは彼をふざけて揺さぶったが、二人の絆は相変わらず深かった。

La foule, émue par l'instant, recula en silence.

群衆はその瞬間に感動し、静かに後ずさりした。

Dès lors, personne n'osa interrompre cette affection si sacrée.

それ以来、誰もそのような神聖な愛情を邪魔しようとはしなかった。

Le son de l'appel
呼び声の音

Buck avait gagné seize cents dollars en cinq minutes.
バックは5分間で1600ドルを稼いだ。

Cet argent a permis à John Thornton de payer une partie de ses dettes.
そのお金でジョン・ソーントンは借金の一部を返済することができた。

Avec le reste de l'argent, il se dirigea vers l'Est avec ses partenaires.
残りのお金を持って、彼は仲間とともに東へ向かった。

Ils cherchaient une mine perdue légendaire, aussi vieille que le pays lui-même.
彼らは、国自体と同じくらい古い、伝説の失われた鉱山を探していました。

Beaucoup d'hommes avaient cherché la mine, mais peu l'avaient trouvée.
多くの人が鉱山を探したが、発見できた人はほとんどいなかった。

Plus d'un homme avait disparu au cours de cette quête dangereuse.
危険な探索中に行方不明になった男も少なくなかった。

Cette mine perdue était enveloppée à la fois de mystère et d'une vieille tragédie.
この失われた鉱山は謎と昔の悲劇に包まれていました。

Personne ne savait qui avait été le premier homme à découvrir la mine.
鉱山を最初に発見した人が誰であったかは誰も知らなかった。

Les histoires les plus anciennes ne mentionnent personne par son nom.
最も古い物語には誰の名前も出てきません。

Il y avait toujours eu là une vieille cabane délabrée.
そこには古くて荒れ果てた小屋がずっとあった。

Des hommes mourants avaient juré qu'il y avait une mine à côté de cette vieille cabane.

死にゆく男たちは、その古い小屋の隣に地雷があると断言した。

Ils ont prouvé leurs histoires avec de l'or comme on n'en trouve nulle part ailleurs.

彼らは、他では見つからないような金で自分たちの話を証明した。

Aucune âme vivante n'avait jamais pillé le trésor de cet endroit.

これまで、その場所から宝物を略奪した者は誰もいなかった。

Les morts étaient morts, et les morts ne racontent pas d'histoires.

死者は死んだ。そして死者は何も語らない。

Thornton et ses amis se dirigèrent donc vers l'Est.

そこでソーントンとその友人たちは東へ向かった。

Pete et Hans se sont joints à eux, amenant Buck et six chiens forts.

ピートとハンスもバックと6匹の強い犬を連れて参加しました。

Ils se sont lancés sur un chemin inconnu là où d'autres avaient échoué.

彼らは、他の人々が失敗した未知の道を歩み始めた。

Ils ont parcouru soixante-dix milles en traîneau sur le fleuve Yukon gelé.

彼らは凍ったユーコン川を70マイルそりで遡った。

Ils tournèrent à gauche et suivirent le sentier jusqu'au Stewart.

彼らは左に曲がり、道を辿ってスチュワートへと入った。

Ils passèrent le Mayo et le McQuestion, poursuivant leur route.

彼らはメイヨーとマククエスチョンを通過し、さらに前進した。

Le Stewart s'est rétréci en un ruisseau, traversant des pics déchiquetés.

スチュワート川は、ギザギザの峰々を縫うように流れながら、縮小していった。

Ces pics acérés marquaient l'épine dorsale même du continent.

これらの鋭い峰々はまさに大陸の背骨を形作っています。

John Thornton exigeait peu des hommes ou de la nature sauvage.

ジョン・ソーントンは人間や荒野にほとんど何も要求しなかった。

Il ne craignait rien dans la nature et affrontait la nature sauvage avec aisance.

彼は自然の中で何も恐れることなく、野生に気楽に立ち向かった。

Avec seulement du sel et un fusil, il pouvait voyager où il le souhaitait.

塩とライフル銃だけを持って、彼は望むところへ旅することができた。

Comme les indigènes, il chassait de la nourriture pendant ses voyages.

原住民たちと同じように、彼は旅をしながら食べ物を狩りました。

S'il n'attrapait rien, il continuait, confiant en la chance qui l'attendait.

何も釣れなかったら、彼は幸運を祈って進み続けた。

Au cours de ce long voyage, la viande était la principale nourriture qu'ils mangeaient.

この長い旅の間、彼らが主に食べたのは肉でした。

Le traîneau contenait des outils et des munitions, mais aucun horaire strict.

そりには道具や弾薬が積まれていたが、厳密なスケジュールはなかった。

Buck adorait cette errance, la chasse et la pêche sans fin.

バックはこの放浪、終わりのない狩りと釣りを愛していた。

Pendant des semaines, ils ont voyagé jour après jour.
彼らは何週間も毎日休みなく旅を続けた。

D'autres fois, ils établissaient des camps et restaient immobiles pendant des semaines.
時にはキャンプを張って何週間もじっと留まることもあった。

Les chiens se reposaient pendant que les hommes creusaient dans la terre gelée.
男たちが凍った土を掘っている間、犬たちは休んでいた。

Ils chauffaient des poêles sur des feux et cherchaient de l'or caché.
彼らは火で鍋を温め、隠された金を探しました。

Certains jours, ils souffraient de faim, et d'autres jours, ils faisaient des festins.
ある日彼らは飢え、ある日はごちそうを食べました。

Leurs repas dépendaient du gibier et de la chance de la chasse.
彼らの食事は獲物と狩りの運次第だった。

Quand l'été arrivait, les hommes et les chiens chargeaient des charges sur leur dos.
夏になると、男たちと犬たちは背中に荷物を詰め込んだ。

Ils ont fait du rafting sur des lacs bleus cachés dans des forêts de montagne.
彼らは山の森に隠れた青い湖をラフティングで渡りました。

Ils naviguaient sur des bateaux minces sur des rivières qu'aucun homme n'avait jamais cartographiées.
彼らは、誰も地図に描いたことのない川を細長い船で航海した。

Ces bateaux ont été construits à partir d'arbres sciés dans la nature.
これらのボートは野生で伐採した木から造られました。

Les mois passèrent et ils sillonnèrent des terres sauvages et inconnues.

数ヶ月が過ぎ、彼らは未知の荒野を旅した。

Il n'y avait pas d'hommes là-bas, mais de vieilles traces suggéraient qu'il y en avait eu.

そこには男はいなかったが、古い痕跡が男がいたことを暗示していた。

Si la Cabane Perdue était réelle, alors d'autres étaient déjà passés par là.

もし「失われた小屋」が実在するのなら、かつて他の人々もこの道を通ってきたことになる。

Ils traversaient des cols élevés dans des blizzards, même pendant l'été.

彼らは夏でも吹雪の中、高い峠を越えた。

Ils frissonnaient sous le soleil de minuit sur les pentes nues des montagnes.

彼らは裸の山の斜面で真夜中の太陽の下、震えていた。

Entre la limite des arbres et les champs de neige, ils montaient lentement.

森林限界と雪原の間を彼らはゆっくりと登っていった。

Dans les vallées chaudes, ils écrasaient des nuages de moucherons et de mouches.

暖かい谷間では、彼らはブヨやハエの大群を叩き落としました。

Ils cueillaient des baies sucrées près des glaciers en pleine floraison estivale.

彼らは真夏に花を咲かせた氷河の近くで甘いベリーを摘みました。

Les fleurs qu'ils ont trouvées étaient aussi belles que celles du Southland.

彼らが見つけた花は、南部の花と同じくらい美しかった。

Cet automne-là, ils atteignirent une région solitaire remplie de lacs silencieux.

その秋、彼らは静かな湖が広がる寂しい地域に到着した。

La terre était triste et vide, autrefois pleine d'oiseaux et de bêtes.

かつては鳥や獣たちが生きていたこの地は、悲しく空虚な場所でした。

Il n'y avait plus de vie, seulement le vent et la glace qui se formait dans les flaques.

今では生命は存在せず、ただ風と水たまりに形成される氷だけが存在していました。

Les vagues s'écrasaient sur les rivages déserts avec un son doux et lugubre.

波は柔らかく悲しげな音を立てながら、誰もいない海岸に打ち寄せた。

Un autre hiver arriva et ils suivirent à nouveau de vieux sentiers lointains.

再び冬が来て、彼らは再びかすかな古い道をたどりました。

C'étaient les traces d'hommes qui les avaient cherchés bien avant eux.

これらは、彼らよりずっと前に捜索していた人々の足跡でした。

Un jour, ils trouvèrent un chemin creusé profondément dans la forêt sombre.

彼らはかつて暗い森の奥深くに切り込まれた道を見つけました。

C'était un vieux sentier, et ils sentaient que la cabane perdue était proche.

それは古い道であり、彼らは失われた小屋が近いと感じました。

Mais le sentier ne menait nulle part et s'enfonçait dans les bois épais.

しかし、道はどこにも通じず、深い森の中に消えていった。

Personne ne savait qui avait fait ce sentier et pourquoi.

誰がその道を作ったのか、そしてなぜ作ったのかは誰も知らなかった。

Plus tard, ils ont trouvé l'épave d'un lodge caché parmi les arbres.

その後、彼らは木々の間に隠れたロッジの残骸を発見した。

Des couvertures pourries gisaient éparpillées là où quelqu'un avait dormi.

かつて誰かが寝ていた場所には、腐った毛布が散乱していた。

John Thornton a trouvé un fusil à silex à long canon enterré à l'intérieur.

ジョン・ソーントンは、中に埋められていた長い銃身のフリントロック式銃を発見した。

Il savait qu'il s'agissait d'un fusil de la Baie d'Hudson depuis les premiers jours de son commerce.

彼は取引の初期の頃からこれがハドソン湾の銃であることを知っていた。

À cette époque, ces armes étaient échangées contre des piles de peaux de castor.

当時、そのような銃は大量のビーバーの皮と交換されていました。

C'était tout : il ne restait aucune trace de l'homme qui avait construit le lodge.

それがすべてだった。ロッジを建てた男についての手がかりは何一つ残っていなかった。

Le printemps est revenu et ils n'ont trouvé aucun signe de la Cabane Perdue.

再び春が来たが、彼らは失われた小屋の痕跡を見つけられなかった。

Au lieu de cela, ils trouvèrent une large vallée avec un ruisseau peu profond.

代わりに彼らは浅い小川のある広い谷を見つけました。

L'or recouvrait le fond des casseroles comme du beurre jaune et lisse.

金は滑らかな黄色いバターのように鍋の底に広がっていました。

Ils s'arrêtèrent là et ne cherchèrent plus la cabane.

彼らはそこで立ち止まり、それ以上小屋を捜すことはしなかった。

Chaque jour, ils travaillaient et trouvaient des milliers de pièces d'or en poudre.

彼らは毎日働いて何千もの金粉を発見しました。

Ils ont emballé l'or dans des sacs de peau d'élan, de cinquante livres chacun.

彼らは金貨をヘラジカの皮の袋にそれぞれ50ポンドずつ詰めた。

Les sacs étaient empilés comme du bois de chauffage à l'extérieur de leur petite loge.

彼らの小さな小屋の外に、袋が薪のように積み上げられていた。

Ils travaillaient comme des géants et les jours passaient comme des rêves rapides.

彼らは巨人のように働き、日々はあっという間に夢のように過ぎていった。

Ils ont amassé des trésors au fil des jours sans fin.

終わりのない日々があっという間に過ぎていくなか、彼らは宝物を積み上げていった。

Les chiens n'avaient pas grand-chose à faire, à part transporter de la viande de temps en temps.

時々肉を運ぶ以外、犬達にやることはほとんどなかった。

Thornton chassait et tuait le gibier, et Buck restait allongé près du feu.

ソーントンは獲物を狩って殺し、バックは火のそばに横たわっていた。

Il a passé de longues heures en silence, perdu dans ses pensées et ses souvenirs.

彼は長い時間を沈黙の中で過ごし、考えや記憶に浸っていた。

L'image de l'homme poilu revenait de plus en plus souvent
à l'esprit de Buck.

毛深い男のイメージがバックの心の中に頻繁に浮かんだ
。

Maintenant que le travail se faisait rare, Buck rêvait en
clignant des yeux devant le feu.

仕事がほとんどなくなったので、バックは火を見つめな
がら夢を見ていた。

Dans ces rêves, Buck errait avec l'homme dans un autre
monde.

夢の中で、バックはその男とともに別の世界をさまよっ
ていた。

La peur semblait être le sentiment le plus fort dans ce
monde lointain.

その遠い世界では恐怖が最も強い感情であるように思え
た。

Buck vit l'homme poilu dormir avec la tête baissée.

バックは毛深い男が頭を低く下げて眠っているのを見た
。

Ses mains étaient jointes et son sommeil était agité et
interrompu.

彼は両手を握りしめており、眠りは不安定で中断されて
いた。

Il se réveillait en sursaut et regardait avec crainte dans le
noir.

彼はいつもびっくりして目を覚まし、恐怖に怯えながら
暗闇を見つめていた。

Ensuite, il jetait plus de bois sur le feu pour garder la
flamme vive.

それから彼は炎を明るく保つためにさらに木を火に投げ
入れました。

Parfois, ils marchaient le long d'une plage au bord d'une mer
grise et infinie.

時々彼らは灰色の果てしない海のそばの浜辺を歩いた。

L'homme poilu ramassait des coquillages et les mangeait en
marchant.

毛深い男は歩きながら貝を摘んで食べた。

Ses yeux cherchaient toujours des dangers cachés dans l'ombre.

彼の目は常に影に隠れた危険を探し求めていた。

Ses jambes étaient toujours prêtes à sprinter au premier signe de menace.

彼の足は、脅威を感じた瞬間にすぐに走れる準備ができていた。

Ils rampaient à travers la forêt, silencieux et méfiants, côte à côte.

彼らは静かに、用心深く、並んで森の中を進んでいった。

Buck le suivit sur ses talons, et tous deux restèrent vigilants.

バックは彼の後を追ったが、二人とも警戒を怠らなかった。

Leurs oreilles frémissaient et bougeaient, leurs nez reniflaient l'air.

彼らの耳はぴくぴくと動き、鼻は空気を嗅ぎました。

L'homme pouvait entendre et sentir la forêt aussi intensément que Buck.

男はバックと同じくらい鋭く森の音を聞き、匂いを嗅ぐことができた。

L'homme poilu se balançait à travers les arbres avec une vitesse soudaine.

毛深い男は突然のスピードで木々の間を飛び越えた。

Il sautait de branche en branche, sans jamais lâcher prise.

彼はつかんだものを一度も逃さず、枝から枝へと飛び移った。

Il se déplaçait aussi vite au-dessus du sol que sur celui-ci.

彼は地上で動くのと同じくらい速く地上でも動いた。

Buck se souvenait des longues nuits passées sous les arbres, à veiller.

バックは木々の下で監視をしていた長い夜を思い出した。

L'homme dormait perché dans les branches, s'accrochant fermement.

男はしっかりと枝にしがみついて眠った。

Cette vision de l'homme poilu était étroitement liée à l'appel des profondeurs.

この毛深い男の幻影は深い呼び声と密接に結びついていました。

L'appel résonnait toujours à travers la forêt avec une force obsédante.

その呼び声は今も忘れがたい力で森中に響き渡っていた。

L'appel remplit Buck de désir et d'un sentiment de joie incessant.

その電話はバックを憧れと落ち着かない喜びで満たした。

Il ressentait d'étranges pulsions et des frémissements qu'il ne pouvait nommer.

彼は、名前のつけられない奇妙な衝動と興奮を感じた。

Parfois, il suivait l'appel au plus profond des bois tranquilles.

時々彼はその呼び声に従って静かな森の奥深くまで行った。

Il cherchait l'appel, aboyant doucement ou fort au fur et à mesure.

彼は呼び声を探しながら、歩きながら小さく、あるいは鋭く吠えた。

Il renifla la mousse et la terre noire où poussaient les herbes.

彼は草が生えている苔や黒い土を嗅ぎました。

Il renifla de plaisir aux riches odeurs de la terre profonde.

彼は深い土の豊かな香りに大喜びで鼻を鳴らした。

Il s'est accroupi pendant des heures derrière des troncs couverts de champignons.

彼は菌類に覆われた幹の後ろに何時間もしゃがんでいた。

Il resta immobile, écoutant les yeux écarquillés chaque petit bruit.

彼はじっとしたまま、目を大きく開いてあらゆる小さな音に耳を傾けていた。

Il espérait peut-être surprendre la chose qui avait lancé l'appel.

彼は電話をかけてきたものを驚かせたいと思ったのかもしれない。

Il ne savait pas pourquoi il agissait de cette façon, il le faisait simplement.

彼はなぜこのような行動をとったのか知らなかったが、ただそうしただけだった。

Les pulsions venaient du plus profond de moi, au-delà de la pensée ou de la raison.

その衝動は思考や理性を超えて、心の奥底から湧き上がってきたのです。

Des envies irrésistibles s'emparèrent de Buck sans avertissement ni raison.

警告も理由もなく、抑えられない衝動がバックを襲った。

Parfois, il somnolait paresseusement dans le camp sous la chaleur de midi.

彼は時々、真昼の暑さの中、キャンプで怠惰にうとうとしていた。

Soudain, sa tête se releva et ses oreilles se dressèrent en alerte.

突然、彼は頭を上げ、耳を警戒した。

Puis il se leva d'un bond et se précipita dans la nature sans s'arrêter.

それから彼は跳び上がり、立ち止まることなく荒野へと駆け出した。

Il a couru pendant des heures à travers les sentiers forestiers et les espaces ouverts.

彼は森の小道や広場を何時間も走り続けた。

Il aimait suivre les lits des ruisseaux asséchés et espionner les oiseaux dans les arbres.

彼は乾いた小川の川床を歩き回ったり、木々にとまる鳥を観察するのが大好きでした。

Il pouvait rester caché toute la journée, à regarder les perdrix se pavaner.

彼は一日中隠れて、ヤマウズラが歩き回るのを眺めていた。

Ils tambourinaient et marchaient, inconscients de la présence de Buck.

彼らはバックがまだそこにいることに気づかず、太鼓を鳴らしながら行進した。

Mais ce qu'il aimait le plus, c'était courir au crépuscule en été.

しかし、彼が最も好きだったのは、夏の夕暮れ時に走ることだった。

La faible lumière et les bruits endormis de la forêt le remplissaient de joie.

薄暗い光と眠たげな森の音が彼を喜びで満たした。

Il lisait les panneaux forestiers aussi clairement qu'un homme lit un livre.

彼は人が本を読むのと同じくらいはっきりと森の標識を読み取った。

Et il cherchait toujours la chose étrange qui l'appelait.

そして彼は、自分を呼ぶ奇妙なものを常に探していた。

Cet appel ne s'est jamais arrêté : il l'atteignait qu'il soit éveillé ou endormi.

その呼びかけは決して止むことはなく、目覚めているときも眠っているときも彼に届きました。

Une nuit, il se réveilla en sursaut, les yeux perçants et les oreilles hautes.

ある夜、彼はハッと目を覚まし、目を鋭くし、耳を高く上げました。

Ses narines se contractaient tandis que sa crinière se dressait en vagues.

たてがみが波打つように逆立ち、鼻孔がぴくぴく動いた。

Du plus profond de la forêt, le son résonna à nouveau, le vieil appel.

森の奥深くから、また古い呼び声が聞こえてきた。

Cette fois, le son résonnait clairement, un hurlement long, obsédant et familier.

今度はその音がはっきりと響いた。長く、忘れられない、聞き慣れた遠吠えだった。

C'était comme le cri d'un husky, mais d'un ton étrange et sauvage.

それはハスキーの鳴き声のようでしたが、奇妙で野性的な音色でした。

Buck reconnut immédiatement le son – il avait entendu exactement le même son depuis longtemps.

バックはその音をすぐに理解した。ずっと前にまったく同じ音を聞いたことがあるのだ。

Il sauta à travers le camp et disparut rapidement dans les bois.

彼はキャンプを飛び越えて森の中へ素早く姿を消した。

Alors qu'il s'approchait du bruit, il ralentit et se déplaça avec précaution.

音が聞こえる方向に近づくと、彼は速度を落とし、慎重に動いた。

Bientôt, il atteignit une clairière entre d'épais pins.

やがて彼は松の木々が生い茂る空き地に到着した。

Là, debout sur ses pattes arrière, était assis un loup des bois grand et maigre.

そこには、背が高くて痩せたタイリクオオカミが、お尻を上げて座っていました。

Le nez du loup pointait vers le ciel, résonnant toujours de l'appel.

狼の鼻は空を向いて、まだ呼び声を反響させていた。

Buck n'avait émis aucun son, mais le loup s'arrêta et écouta.

雄鹿は音を立てなかったが、オオカミは立ち止まって耳を澄ませた。

Sentant quelque chose, le loup se tendit, scrutant l'obscurité.

何かを感じて、狼は緊張し、暗闇の中を探し始めた。

Buck apparut en rampant, le corps bas, les pieds immobiles sur le sol.

雄鹿は体を低くし、足を地面に静かにつけたまま、こっそりと視界に入ってきた。

Sa queue était droite, son corps enroulé sous la tension.
彼の尻尾はまっすぐで、体は緊張で固く縮こまっていた。

Il a montré à la fois une menace et une sorte d'amitié brutale.
彼は脅迫と一種の荒っぽい友情の両方を示した。

C'était le salut prudent partagé par les bêtes sauvages.
それは野生の獣たちが交わす警戒心の強い挨拶だった。

Mais le loup se retourna et s'enfuit dès qu'il vit Buck.
しかし、オオカミはバックを見るとすぐに向きを変えて逃げてしまいました。

Buck se lança à sa poursuite, sautant sauvagement, désireux de le rattraper.
雄鹿は追いかけ、激しく跳躍し、追いかけようとした。

Il suivit le loup dans un ruisseau asséché bloqué par un embâcle.
彼はオオカミを追って、木材の詰まりで塞がれた乾いた小川へと入った。

Acculé, le loup se retourna et tint bon.
追い詰められた狼はくるりと向きを変え、その場に立ち尽くした。

Le loup grognait et claquait comme un chien husky pris au piège dans un combat.
狼は、戦いで捕らえられたハスキー犬のように唸り声をあげ、噛みついた。

Les dents du loup claquaient rapidement, son corps se hérissant d'une fureur sauvage.
狼の歯がカチカチと音を立て、その体は激しい怒りで逆立った。

Buck n'attaqua pas mais encercla le loup avec une gentillesse prudente.
雄鹿は攻撃はせず、慎重に友好的にオオカミの周りを回った。

Il a essayé de bloquer sa fuite par des mouvements lents et inoffensifs.

彼はゆっくりとした無害な動きで逃走を阻止しようとした。

Le loup était méfiant et effrayé : Buck le dépassait trois fois.

オオカミは警戒して怖がっていました。バックの体重はオオカミの3倍もあったからです。

La tête du loup atteignait à peine l'épaule massive de Buck.

狼の頭はかろうじてバックの大きな肩に届いた。

À l'affût d'une brèche, le loup s'est enfui et la poursuite a repris.

隙を狙ってオオカミは逃げ出し、追跡が再び始まった。

Plusieurs fois, Buck l'a coincé et la danse s'est répétée.

バックは何度か彼を追い詰め、ダンスを繰り返した。

Le loup était maigre et faible, sinon Buck n'aurait pas pu l'attraper.

オオカミは痩せて弱かったので、バックが捕まえることはできなかったでしょう。

Chaque fois que Buck s'approchait, le loup se retournait et lui faisait face avec peur.

バックが近づくたびに、オオカミは回転して恐怖に怯えながら彼の方を向いた。

Puis, à la première occasion, il s'est précipité dans les bois une fois de plus.

そして、最初のチャンスを逃さず、彼は再び森の中へ駆け出した。

Mais Buck n'a pas abandonné et finalement le loup a fini par lui faire confiance.

しかしバックは諦めず、ついにオオカミは彼を信頼するようになりました。

Il renifla le nez de Buck, et les deux devinrent joueurs et alertes.

彼はバックの鼻を嗅ぎ、二人は遊び心と警戒心を持つようになった。

Ils jouaient comme des animaux sauvages, féroces mais timides dans leur joie.

彼らは喜びの中にも勇ましさ、恥ずかしさを感じながら、野生動物のように遊んでいました。

Au bout d'un moment, le loup s'éloigna au trot avec un calme déterminé.

しばらくして、オオカミは落ち着いた様子で小走りに去っていきました。

Il a clairement montré à Buck qu'il voulait être suivi.

彼は明らかにバックに、尾行されるつもりである事を示した。

Ils couraient côte à côte dans l'obscurité du crépuscule.

彼らは夕暮れの薄暗い中を並んで走った。

Ils suivirent le lit du ruisseau jusqu'à la gorge rocheuse.

彼らは小川の流れに沿って岩だらけの峡谷まで登っていった。

Ils traversèrent une ligne de partage des eaux froide où le ruisseau avait pris sa source.

彼らは川が流れ始めた冷たい分水嶺を越えた。

Sur la pente la plus éloignée, ils trouvèrent une vaste forêt et de nombreux ruisseaux.

向こうの斜面には広い森とたくさんの小川がありました。

À travers ce vaste territoire, ils ont couru pendant des heures sans s'arrêter.

彼らはこの広大な土地を何時間も止まることなく走り続けた。

Le soleil se leva plus haut, l'air devint chaud, mais ils continuèrent à courir.

太陽は高く昇り、空気は暖かくなったが、彼らは走り続けた。

Buck était rempli de joie : il savait qu'il répondait à son appel.

バックは喜びに満たされた。彼は自分の使命に応えているのだと悟ったのだ。

Il courut à côté de son frère de la forêt, plus près de la source de l'appel.

彼は森の兄弟の横を走り、その声の源に近づいた。

De vieux sentiments sont revenus, puissants et difficiles à ignorer.

昔の感情が戻ってきました。それは強力で無視できないものでした。

C'étaient les vérités derrière les souvenirs de ses rêves.

これらは彼の夢の記憶の背後にある真実だった。

Il avait déjà fait tout cela auparavant, dans un monde lointain et obscur.

彼はこれまでにも、遠く離れた暗い世界でこのすべてをやってきた。

Il recommença alors, courant librement avec le ciel ouvert au-dessus.

今、彼は再びこれを実行し、頭上の広い空に向かって暴れ回った。

Ils s'arrêtèrent près d'un ruisseau pour boire l'eau froide qui coulait.

彼らは小川のそばに立ち止まり、冷たい流れ水を飲みました。

Alors qu'il buvait, Buck se souvint soudain de John Thornton.

酒を飲みながら、バックは突然ジョン・ソーントンのことを思い出した。

Il s'assit en silence, déchiré par l'attrait de la loyauté et de l'appel.

彼は忠誠心と使命感に引き裂かれながら、黙って座っていた。

Le loup continua à trotter, mais revint pour pousser Buck à avancer.

オオカミは小走りで進みましたが、戻ってきてバックを促しました。

Il renifla son nez et essaya de le cajoler avec des gestes doux.

彼は鼻をすすりながら、優しい仕草で彼をなだめようとした。

Mais Buck se retourna et reprit le chemin par lequel il était venu.

しかしバックは向きを変えて来た道を戻り始めた。

Le loup courut à côté de lui pendant un long moment,
gémissant doucement.

狼は静かに鳴きながら、長い間彼のそばを走り続けました。

Puis il s'assit, leva le nez et poussa un long hurlement.

それから彼は座り、鼻を上げて、長い遠吠えをしました。

C'était un cri lugubre, qui s'adoucit à mesure que Buck
s'éloignait.

それは悲しげな叫びだったが、バックが立ち去ると声は
小さくなっていった。

Buck écouta le son du cri s'estomper lentement dans le
silence de la forêt.

バックは、叫び声が森の静寂の中にゆっくりと消えてい
くのを聞いていた。

John Thornton était en train de dîner lorsque Buck a fait
irruption dans le camp.

ジョン・ソーントンが夕食を食べていると、バックがキ
ャンプに飛び込んできた。

Buck sauta sauvagement sur lui, le léchant, le mordant et le
faisant culbuter.

バックは激しく彼に飛びかかり、舐めたり、噛んだり、
転がしたりした。

Il l'a renversé, s'est hissé dessus et l'a embrassé sur le visage.

彼は彼を倒し、上に登り、彼の顔にキスをした。

Thornton appelait cela avec affection « jouer le fou du
commun ».

ソーントンはこれを愛情を込めて「大将の愚か者を演じ
る」と呼んだ。

Pendant tout ce temps, il maudissait doucement Buck et le
secouait d'avant en arrière.

その間ずっと、彼はバックを優しく罵りながら、彼を前
後に揺さぶり続けた。

Pendant deux jours et deux nuits entières, Buck n'a pas
quitté le camp une seule fois.

丸二日二晩、バックは一度もキャンプを離れなかった。

Il est resté proche de Thornton et ne l'a jamais quitté des yeux.

彼はソーントンのすぐそばにいて、決して彼から目を離さなかった。

Il le suivait pendant qu'il travaillait et le regardait pendant qu'il mangeait.

彼は彼が仕事をしている間、後をついて歩き、彼が食事をしている間、見守っていた。

Il voyait Thornton dans ses couvertures la nuit et dehors chaque matin.

彼はソーントンが夜になると毛布にくるまり、毎朝毛布から出てくるのを見ていた。

Mais bientôt l'appel de la forêt revint, plus fort que jamais.

しかし、すぐに森の呼び声が、以前よりも大きな声で戻ってきました。

Buck devint à nouveau agité, agité par les pensées du loup sauvage.

バックは野生の狼のことを考えて再び落ち着かなくなった。

Il se souvenait de la terre ouverte et de la course côte à côte.

彼は広い土地と並んで走っていたことを思い出した。

Il commença à errer à nouveau dans la forêt, seul et alerte.

彼は再び、一人で用心深く森の中を歩き始めた。

Mais le frère sauvage ne revint pas et le hurlement ne fut pas entendu.

しかし、野生の兄弟は戻ってこなかったし、遠吠えも聞こえなかった。

Buck a commencé à dormir dehors, restant absent pendant des jours.

バックは一度に何日も離れて外で寝るようになりました。

Une fois, il traversa la haute ligne de partage des eaux où le ruisseau commençait.

かつて彼は小川が始まる高い分水嶺を越えた。

Il entra dans le pays des bois sombres et des larges ruisseaux.

彼は暗い森と広く流れる小川の土地に入った。

Pendant une semaine, il a erré, à la recherche de signes de son frère sauvage.

彼は一週間、野生の兄弟の痕跡を探して歩き回った。

Il tuait sa propre viande et voyageait à grands pas, sans relâche.

彼は自分で肉を殺し、疲れることなく長い歩幅で旅を続けた。

Il pêchait le saumon dans une large rivière qui se jetait dans la mer.

彼は海に通じる広い川で鮭を釣った。

Là, il combattit et tua un ours noir rendu fou par les insectes.

そこで彼は虫に狂ったアメリカグマと闘って殺した。

L'ours était en train de pêcher et courait aveuglément à travers les arbres.

クマは魚釣りをしていて、木々の間を盲目的に走り回っていました。

La bataille fut féroce, réveillant le profond esprit combatif de Buck.

戦いは激しいものとなり、バックの根深い闘志が目覚めた。

Deux jours plus tard, Buck est revenu et a trouvé des carcajous près de sa proie.

2日後、バックは獲物を捕らえて戻ってきたが、そこにはクズリがいた。

Une douzaine d'entre eux se disputaient la viande avec une fureur bruyante.

彼らのうちの12人が、肉をめぐって騒々しく口論した。

Buck chargea et les dispersa comme des feuilles dans le vent.

バックは突撃し、彼らを風に舞う木の葉のように散らばらせた。

Deux loups restèrent derrière, silencieux, sans vie et immobiles pour toujours.

2匹のオオカミが後ろに残りました。沈黙し、生気もなく、永遠に動かずにいました。

La soif de sang était plus forte que jamais.

血への渇望はこれまで以上に強くなった。

Buck était un chasseur, un tueur, se nourrissant de créatures vivantes.

バックはハンターであり、殺人者であり、生き物を食べて生きていました。

Il a survécu seul, en s'appuyant sur sa force et ses sens aiguisés.

彼は自分の力と鋭い感覚を頼りに、一人で生き延びた。

Il prospérait dans la nature, où seuls les plus résistants pouvaient vivre.

彼は、最もタフな者だけが生きられる野生の中で繁栄した。

De là, une grande fierté s'éleva et remplit tout l'être de Buck.

このことから、大きな誇りが湧き上がり、バックの全身を満たした。

Sa fierté se reflétait dans chacun de ses pas, dans le mouvement de chacun de ses muscles.

彼の誇りは、一歩一歩、筋肉の動き一つ一つに表れていた。

Sa fierté était aussi claire qu'un discours, visible dans la façon dont il se comportait.

彼の態度を見れば、彼の誇りが言葉ではっきりと伝わってきた。

Même son épais pelage semblait plus majestueux et brillait davantage.

彼の厚い毛皮もより威厳を増し、より明るく輝いて見えました。

Buck aurait pu être confondu avec un loup géant.

バックは巨大なタイリクオオカミと間違われる可能性もあった。

À l'exception du brun sur son museau et des taches au-dessus de ses yeux.

鼻先の茶色と目の上の斑点を除いて。

Et la traînée de fourrure blanche qui courait au milieu de sa poitrine.

そして、胸の真ん中に走る白い毛の筋。

Il était encore plus grand que le plus grand loup de cette race féroce.

彼は、その獰猛な種族の最大のオオカミよりもさらに大きかった。

Son père, un Saint-Bernard, lui a donné de la taille et une ossature lourde.

彼の父親はセント・バーナード犬で、彼は体格が大きく、がっしりとした体格でした。

Sa mère, une bergère, a façonné cette masse en forme de loup.

羊飼いであった彼の母親は、その巨体を狼のような形に整えました。

Il avait le long museau d'un loup, bien que plus lourd et plus large.

彼はオオカミのような長い鼻先を持っていたが、オオカミよりも重く、幅広だった。

Sa tête était celle d'un loup, mais construite à une échelle massive et majestueuse.

彼の頭は狼の頭だったが、巨大で荘厳なスケールの上に造られていた。

La ruse de Buck était la ruse du loup et de la nature.

バックの狡猾さはオオカミと野生の狡猾さと同じだった。

Son intelligence lui vient à la fois du berger allemand et du Saint-Bernard.

彼の知性はジャーマン・シェパードとセント・バーナードの両方から受け継がれました。

Tout cela, ajouté à une expérience difficile, faisait de lui une créature redoutable.

これらすべてと厳しい経験が彼を恐ろしい生き物にしたのです。

Il était aussi redoutable que n'importe quelle bête qui parcourait les régions sauvages du nord.

彼は北の荒野をさまようどんな獣にも劣らず恐ろしい存在だった。

Ne se nourrissant que de viande, Buck a atteint le sommet de sa force.

肉だけを食べて生きたバックは、その強さの頂点に達した。

Il débordait de puissance et de force masculine dans chaque fibre de son être.

彼は全身から力と男性的な力があふれていた。

Lorsque Thornton lui caressait le dos, ses poils brillaient d'énergie.

ソーントンが背中を撫でると、毛がエネルギーに満ちて火花を散らした。

Chaque cheveu crépitait, chargé du contact du magnétisme vivant.

髪の毛の一本一本が、生きた磁力の感触を帯びてパチパチと音を立てた。

Son corps et son cerveau étaient réglés sur le ton le plus fin possible.

彼の体と脳は可能な限り最高の調子に調整されていました。

Chaque nerf, chaque fibre et chaque muscle fonctionnaient en parfaite harmonie.

すべての神経、繊維、筋肉が完璧な調和で機能しました。

À tout son ou toute vue nécessitant une action, il répondait instantanément.

行動を必要とするあらゆる音や光景に対して、彼は即座に反応しました。

Si un husky sautait pour attaquer, Buck pouvait sauter deux fois plus vite.

ハスキー犬が攻撃するために飛びかかると、バックは2倍の速さで飛びかかることができます。

Il a réagi plus vite que les autres ne pouvaient le voir ou l'entendre.

彼は他の人が見たり聞いたりするよりも早く反応した。

La perception, la décision et l'action se sont produites en un seul instant fluide.

認識、決断、行動のすべてが流れるような瞬間に起こりました。

En vérité, ces actes étaient distincts, mais trop rapides pour être remarqués.

実際には、これらの行為は別々でしたが、あまりにも速すぎて気づかなかったのです。

Les intervalles entre ces actes étaient si brefs qu'ils semblaient n'en faire qu'un.

これらの行為の間の間隔は非常に短かったので、それらは一つの行為のように見えました。

Ses muscles et son être étaient comme des ressorts étroitement enroulés.

彼の筋肉と体格は、きつく巻かれたバネのようでした。

Son corps débordait de vie, sauvage et joyeux dans sa puissance.

彼の体は生命力に満ち溢れ、その力は野性的で喜びに満ちていた。

Parfois, il avait l'impression que la force allait jaillir de lui entièrement.

時々、彼はその力が完全に自分から噴き出してしまうように感じた。

« Il n'y a jamais eu un tel chien », a déclaré Thornton un jour tranquille.

「こんな犬は今までいなかったよ」とソーントンは静かなある日に言った。

Les partenaires regardaient Buck sortir fièrement du camp.

パートナーたちはバックがキャンプから誇らしげに歩いてくるのを見守った。

« Lorsqu'il a été créé, il a changé ce que pouvait être un chien », a déclaré Pete.

「彼が生まれたとき、犬の可能性は大きく変わりました」とピートさんは語った。

« Par Jésus ! Je le pense moi-même », acquiesça rapidement Hans.

「イエスに誓って！私もそう思います」ハンスはすぐに同意しました。

Ils l'ont vu s'éloigner, mais pas le changement qui s'est produit après.

彼らは彼が行進するのを見たが、その後に起こる変化は見なかった。

Dès qu'il est entré dans les bois, Buck s'est complètement transformé.

森に入るとすぐに、バックは完全に変身しました。

Il ne marchait plus, mais se déplaçait comme un fantôme sauvage parmi les arbres.

彼はもう行進せず、木々の間を野生の幽霊のように動いた。

Il devint silencieux, les pieds comme un chat, une lueur traversant les ombres.

彼は黙り、猫足になり、影の中をちらちらと通り過ぎるようになった。

Il utilisait la couverture avec habileté, rampant sur le ventre comme un serpent.

彼は蛇のように腹ばいで這い、巧みに身を隠した。

Et comme un serpent, il pouvait bondir en avant et frapper en silence.

そして蛇のように、静かに前に飛び出し攻撃することができた。

Il pourrait voler un lagopède directement dans son nid caché.

彼はライチョウを隠れた巣から直接盗むこともできる。

Il a tué des lapins endormis sans un seul bruit.

彼は音も立てずに眠っているウサギを殺した。

Il pouvait attraper des tamias en plein vol alors qu'ils fuyaient trop lentement.

彼は、逃げるのが遅すぎるシマリスを空中で捕まえることができました。

Même les poissons dans les bassins ne pouvaient échapper à ses attaques soudaines.

池の中の魚さえも彼の突然の攻撃から逃れることはできなかった。

Même les castors astucieux qui réparaient les barrages n'étaient pas à l'abri de lui.

ダムを建設する賢いビーバーでさえ彼から逃れることはできませんでした。

Il tuait pour se nourrir, pas pour le plaisir, mais il préférait tuer ses propres victimes.

彼は楽しみのためではなく、食べるために殺したが、自分が殺すのが一番好きだった。

Pourtant, un humour sournois traversait certaines de ses chasses silencieuses.

それでも、彼の静かな狩りの中には、狡猾なユーモアが流れていた。

Il s'est approché des écureuils, mais les a laissés s'échapper.

彼はリスに忍び寄ったが、結局逃げられてしまった。

Ils allaient fuir vers les arbres, bavardant dans une rage effrayée.

彼らは、恐怖と怒りに震えながら、木々に向かって逃げようとしていました。

À l'arrivée de l'automne, les orignaux ont commencé à apparaître en plus grand nombre.

秋になると、ヘラジカの出現数が増え始めました。

Ils se sont déplacés lentement vers les basses vallées pour affronter l'hiver.

彼らは冬を迎えるためにゆっくりと低い谷間へと移動した。

Buck avait déjà abattu un jeune veau errant.

バックはすでに、迷い子牛を一頭仕留めていた。

Mais il aspirait à affronter des proies plus grandes et plus dangereuses.

しかし彼は、もっと大きくて危険な獲物に立ち向かうことを切望していた。

Un jour, à la ligne de partage des eaux, à la tête du ruisseau, il trouva sa chance.

ある日、分水嶺の小川の源流で、彼はチャンスを見つけた。

Un troupeau de vingt orignaux avait traversé des terres boisées.

20頭のヘラジカの群れが森林地帯から渡ってきた。

Parmi eux se trouvait un puissant taureau, le chef du groupe.

彼らの中には、群れのリーダーである力強い雄牛がいました。

Le taureau mesurait plus de six pieds de haut et avait l'air féroce et sauvage.

その雄牛は身長が6フィート以上あり、獰猛で野性的に見える。

Il lança ses larges bois, quatorze pointes se ramifiant vers l'extérieur.

彼は14本の先端が外側に枝分かれした幅広い角を投げた。

Les extrémités de ces bois s'étendaient sur sept pieds de large.

その角の先端は幅7フィートに伸びていました。

Ses petits yeux brûlaient de rage lorsqu'il aperçut Buck à proximité.

近くにバックがいるのを見つけると、彼の小さな目は怒りで燃え上がった。

Il poussa un rugissement furieux, tremblant de fureur et de douleur.

彼は怒りと苦痛に震えながら、激しい叫び声を上げた。

Une pointe de flèche sortait près de son flanc, empennée et pointue.

彼の脇腹近くには、羽根の生えた鋭い矢尻が突き出ていた。

Cette blessure a contribué à expliquer son humeur sauvage et amère.

この傷は彼の残忍で苦々しい気分を説明するのに役立った。

Buck, guidé par un ancien instinct de chasseur, a fait son mouvement.

バックは、古代の狩猟本能に導かれて行動を起こした。

Son objectif était de séparer le taureau du reste du troupeau.

彼は雄牛を群れの残りから分離することを目指した。

Ce n'était pas une tâche facile : il fallait de la rapidité et une ruse féroce.

これは決して簡単な仕事ではありませんでした。スピードと鋭い狡猾さが必要でした。

Il aboyait et dansait près du taureau, juste hors de portée.

彼は雄牛の射程範囲外で、雄牛の近くで吠えて踊りました。

L'élan s'est précipité avec d'énormes sabots et des bois mortels.

ヘラジカは巨大なひずめと致命的な角で突進してきました。

Un seul coup aurait pu mettre fin à la vie de Buck en un clin d'œil.

一撃でバックの命は一瞬で終わっていたかもしれない。

Incapable de laisser la menace derrière lui, le taureau devint fou.

脅威から逃れられず、雄牛は激怒した。

Il chargea avec fureur, mais Buck s'échappa toujours.

彼は激怒して突進したが、バックはいつも逃げ去った。

Buck simula une faiblesse, l'attirant plus loin du troupeau.

バックは弱さを装い、彼を群れから遠ざけようと誘い出しました。

Mais les jeunes taureaux allaient charger pour protéger le leader.

しかし若い雄牛たちはリーダーを守るために突撃しようとしていた。

Ils ont forcé Buck à battre en retraite et le taureau à rejoindre le groupe.

彼らはバックを退却させ、雄牛を群れに復帰させた。

Il y a une patience dans la nature, profonde et imparable.

野生には、深くて止めることのできない忍耐力がある。

Une araignée attend immobile dans sa toile pendant d'innombrables heures.

蜘蛛は巣の中で何時間も動かずに待ちます。

Un serpent s'enroule sans tressaillement et attend que son heure soit venue.

蛇はぴくぴくせずにとぐろを巻いて、時が来るまで待ちます。

Une panthère se tient en embuscade, jusqu'à ce que le moment arrive.

パンサーは、その時が来るまで待ち伏せしています。

C'est la patience des prédateurs qui chassent pour survivre.

これは生き残るために狩りをする捕食者の忍耐力です。

Cette même patience brûlait à l'intérieur de Buck alors qu'il restait proche.

バックが近くにいる間、同じ忍耐が彼の心の中で燃え上がった。

Il resta près du troupeau, ralentissant sa marche et suscitant la peur.

彼は群れの近くに留まり、群れの行進を遅らせ、恐怖をかき立てた。

Il taquinait les jeunes taureaux et harcelait les vaches mères.

彼は若い雄牛をいじめ、母牛を困らせた。

Il a plongé le taureau blessé dans une rage encore plus profonde et impuissante.

彼は傷ついた雄牛をさらに深い、無力な怒りに追い込んだ。

Pendant une demi-journée, le combat s'est prolongé sans aucun répit.

戦いは半日の間、休むことなく続いた。

Buck attaquait sous tous les angles, rapide et féroce comme le vent.

バックは風のように速く激しく、あらゆる角度から攻撃しました。

Il a empêché le taureau de se reposer ou de se cacher avec son troupeau.

彼は雄牛が群れと一緒に休んだり隠れたりしないようにした。

Le cerf a épuisé la volonté de l'élan plus vite que son corps.

雄鹿はヘラジカの体よりも早くその意志を弱らせた。

La journée passa et le soleil se coucha bas dans le ciel du nord-ouest.

日が暮れて、太陽は北西の空に沈んでいった。

Les jeunes taureaux revinrent plus lentement pour aider leur chef.

若い雄牛たちはリーダーを助けるためにゆっくりと戻ってきました。

Les nuits d'automne étaient revenues et l'obscurité durait désormais six heures.

秋の夜が戻ってきて、暗闇が6時間続きました。

L'hiver les poussait vers des vallées plus sûres et plus chaudes.

冬は彼らをより安全で暖かい谷へと追いやっていた。

Mais ils ne pouvaient toujours pas échapper au chasseur qui les retenait.

しかし、それでも彼らは彼らを阻止していたハンターから逃げることはできませんでした。

Une seule vie était en jeu : pas celle du troupeau, mais celle de leur chef.

危険にさらされているのは、群れの命ではなく、リーダーの命だけだった。

Cela rendait la menace lointaine et non leur préoccupation urgente.

これにより、脅威は遠いものとなり、彼らにとって差し迫った懸念ではなくなった。

Au fil du temps, ils ont accepté ce prix et ont laissé Buck prendre le vieux taureau.

やがて彼らはこの代償を受け入れ、バックに老雄牛を連れて行くことを許可した。

Alors que le crépuscule s'installait, le vieux taureau se tenait debout, la tête baissée.

夕暮れが訪れると、年老いた雄牛は頭を下げて立っていた。

Il regarda le troupeau qu'il avait conduit disparaître dans la lumière déclinante.

彼は自分が率いていた群れが薄れゆく光の中に消えていくのを見守った。

Il y avait des vaches qu'il avait connues, des veaux qu'il avait autrefois engendrés.

そこには彼が知っていた牛たち、かつて彼が父親にした子牛たちもいた。

Il y avait des taureaux plus jeunes qu'il avait combattus et dominés au cours des saisons précédentes.

過去のシーズンでは、彼が闘い、勝利した若い雄牛たちもいた。

Il ne pouvait pas les suivre, car Buck était à nouveau accroupi devant lui.

彼は彼らについていくことができなかった。なぜなら彼の前にバックが再びうずくまっていたからだ。

La terreur impitoyable aux crocs bloquait tous les chemins qu'il pouvait emprunter.

容赦ない牙を持った恐怖が、彼が進むべき道をすべて塞いだ。

Le taureau pesait plus de trois cents livres de puissance dense.

その雄牛は三百ポンド以上の重さがあり、濃厚な力を持っていた。

Il avait vécu longtemps et s'était battu avec acharnement dans un monde de luttes.

彼は長く生き、闘争の世界で懸命に戦った。

Mais maintenant, à la fin, la mort venait d'une bête bien en dessous de lui.

しかし今、最後には、彼のはるか下にいる獣から死がもたらされた。

La tête de Buck n'atteignait même pas les énormes genoux noueux du taureau.

バックの頭は雄牛の巨大な関節のある膝まで届きませんでした。

À partir de ce moment, Buck resta avec le taureau nuit et jour.

その瞬間から、バックは昼も夜も雄牛と一緒にいた。

Il ne lui a jamais laissé de repos, ne lui a jamais permis de brouter ou de boire.

彼は決して彼に休息を与えず、草を食べたり水を飲むことも許さなかった。

Le taureau a essayé de manger de jeunes pousses de bouleau et des feuilles de saule.

雄牛は若い白樺の芽と柳の葉を食べようとしました。

Mais Buck le repoussa, toujours alerte et toujours attaquant.

しかしバックは常に警戒し、攻撃しながら彼を追い払いました。

Même dans les ruisseaux qui ruisselaient, Buck bloquait toute tentative assoiffée.

細流であっても、バックは喉が渇いた者のあらゆる試みを阻止した。

Parfois, par désespoir, le taureau s'enfuyait à toute vitesse.

時には、絶望のあまり、雄牛は全速力で逃げることもあった。

Buck le laissa courir, galopant calmement juste derrière, jamais très loin.

バックは彼を走らせ、決して遠く離れることなく、すぐ後ろを静かに走り続けた。

Lorsque l'élan s'arrêta, Buck s'allongea, mais resta prêt.

ヘラジカが立ち止まると、バックは横たわりましたが、準備は整っていました。

Si le taureau essayait de manger ou de boire, Buck frappait avec une fureur totale.

雄牛が食べたり飲んだりしようとすると、雄牛は激怒して攻撃した。

La grosse tête du taureau s'affaissait sous ses vastes bois.

雄牛の大きな頭は、その巨大な角の下に垂れ下がっていた。

Son rythme ralentit, le trot devint lourd, une marche trébuchante.

彼の歩調は遅くなり、小走りは重くなり、よろめきながら歩くようになった。

Il restait souvent immobile, les oreilles tombantes et le nez au sol.

彼はよく耳を垂らし、鼻を地面につけてじっと立っていました。

Pendant ces moments-là, Buck prenait le temps de boire et de se reposer.

その間、バックは水を飲んだり休んだりする時間を取った。

La langue tirée, les yeux fixés, Buck sentait que la terre était en train de changer.

舌を出し、目を凝らして、バックは土地が変化していることを感じ取った。

Il sentit quelque chose de nouveau se déplacer dans la forêt et dans le ciel.

彼は森と空を何か新しいものが動いているのを感じた。

Avec le retour des orignaux, d'autres créatures sauvages ont fait de même.

ヘラジカが戻ってくると、他の野生の生き物たちも戻ってきました。

La terre semblait vivante, avec une présence invisible mais fortement connue.

その土地は、目に見えないけれども、強く知られている存在で生き生きしているように感じました。

Ce n'était ni par l'ouïe, ni par la vue, ni par l'odorat que Buck le savait.

バックがそれを知ったのは、音でも視覚でも嗅覚でもなかった。

Un sentiment plus profond lui disait que de nouvelles forces étaient en mouvement.

より深い感覚が彼に、新たな勢力が動き出していると告げた。

Une vie étrange s'agitait dans les bois et le long des ruisseaux.

森の中や小川沿いに奇妙な生命が動き回っていました。

Il a décidé d'explorer cet esprit, une fois la chasse terminée.

彼は狩りが終わった後、この精霊を探索しようと決心した。

Le quatrième jour, Buck a finalement abattu l'élan.

4日目に、バックはついにヘラジカを倒しました。

Il est resté près de la proie pendant une journée et une nuit entières, se nourrissant et se reposant.

彼は獲物のそばに丸一日と一晩留まり、餌を食べたり休んだりした。

Il mangea, puis dormit, puis mangea à nouveau, jusqu'à ce qu'il soit fort et rassasié.

彼は食べて、寝て、また食べて、満腹になって元気になるまで続けました。

Lorsqu'il fut prêt, il retourna vers le camp et Thornton.

準備が整うと、彼はキャンプとソーントンの方へ引き返した。

D'un pas régulier, il commença le long voyage de retour vers la maison.

彼は一定のペースで長い帰路に着いた。

Il courait d'un pas infatigable, heure après heure, sans jamais s'égarer.

彼は疲れを知らない速歩で何時間も走り続け、一度も道に迷うことはなかった。

À travers des terres inconnues, il se déplaçait droit comme l'aiguille d'une boussole.

未知の土地を、彼はコンパスの針のようにまっすぐに進んだ。

Son sens de l'orientation faisait paraître l'homme et la carte faibles en comparaison.

それに比べると、彼の方向感覚は人間や地図よりも弱いように思えた。

Tandis que Buck courait, il sentait plus fortement l'agitation dans la terre sauvage.

バックが走っていると、荒野のざわめきがさらに強く感じられるようになった。

C'était un nouveau genre de vie, différent de celui des mois calmes de l'été.

それは穏やかな夏の数ヶ月の生活とは異なる、新しい種
類の生活でした。

Ce sentiment n'était plus un message subtil ou distant.
この気持ちはもはや微妙な、あるいは遠いメッセージと
して伝わってきませんでした。

Maintenant, les oiseaux parlaient de cette vie et les écureuils
en bavardaient.
今、鳥たちはこの人生について語り、リスたちはそれに
ついておしゃべりしていました。

Même la brise murmurait des avertissements à travers les
arbres silencieux.
静かな木々の間からそよ風が警告をささやきさえも伝え
た。

Il s'arrêta à plusieurs reprises et respira l'air frais du matin.
彼は何度か立ち止まって、新鮮な朝の空気を吸い込んだ
。

Il y lut un message qui le fit bondir plus vite en avant.
彼はそこでメッセージを読み、さらに速く前進した。

Un lourd sentiment de danger l'envahit, comme si quelque
chose s'était mal passé.
まるで何かが間違っていたかのように、彼は強い危険感
に襲われた。

Il craignait qu'une catastrophe ne se produise – ou ne soit
déjà arrivée.
彼は災難が来ることを恐れた——あるいはすでに来てし
まったのだ。

Il franchit la dernière crête et entra dans la vallée en
contrebas.
彼は最後の尾根を越えて下の谷に入った。

Il se déplaçait plus lentement, alerte et prudent à chaque
pas.
彼は一歩ごとに注意深く、慎重にゆっくりと動いた。

À trois milles de là, il trouva une piste fraîche qui le fit se
raidir.
3マイルほど進んだところで、彼は新しい道を見つけ、
体が固くなった。

Les cheveux le long de son cou ondulaient et se hérissaient d'alarme.

彼の首の毛は驚きで波立ち、逆立った。

Le sentier menait directement au camp où Thornton attendait.

その道はソーントンが待つキャンプへとまっすぐ続いていた。

Buck se déplaçait désormais plus rapidement, sa foulée à la fois silencieuse et rapide.

バックはより速く動いた。その歩調は静かで素早かった。

Ses nerfs se sont resserrés lorsqu'il a lu des signes que d'autres allaient manquer.

他の人が見逃しそうな兆候を読み取り、彼の神経は張り詰めた。

Chaque détail du sentier racontait une histoire, sauf le dernier morceau.

道のそれぞれの細部が物語を語っていたが、最後の部分だけはそうではなかった。

Son nez lui parlait de la vie qui s'était déroulée ici.

彼の鼻は、この道を通ってきた人生について語っていた。

L'odeur lui donnait une image changeante alors qu'il le suivait de près.

彼がすぐ後ろをついていくと、匂いによって変化する光景が目に浮かびました。

Mais la forêt elle-même était devenue silencieuse, anormalement immobile.

しかし、森そのものは不自然なほど静かになっていました。

Les oiseaux avaient disparu, les écureuils étaient cachés, silencieux et immobiles.

鳥は姿を消し、リスは隠れて、静かに動かなくなっていた。

Il n'a vu qu'un seul écureuil gris, allongé sur un arbre mort.

彼は枯れ木の上に平らに寝ている灰色のリスを一匹だけ
見た。

L'écureuil se fondait dans la masse, raide et immobile
comme une partie de la forêt.

リスは森の一部のように硬直して動かず、溶け込んでい
ました。

Buck se déplaçait comme une ombre, silencieux et sûr à
travers les arbres.

バックは木々の間を静かに、そして確実に影のように動
いた。

Son nez se souleva sur le côté comme s'il était tiré par une
main invisible.

彼の鼻は、まるで見えない手に引っ張られたかのように
横に動いた。

Il se retourna et suivit la nouvelle odeur jusqu'au plus
profond d'un fourré.

彼は向きを変え、新たな匂いを追って茂みの奥深くへと
入った。

Là, il trouva Nig, étendu mort, transpercé par une flèche.

そこで彼は、矢に刺されて死んで横たわっているニグを
発見した。

La flèche traversa son corps, laissant encore apparaître ses
plumes.

矢は彼の体を貫通したが、羽はまだ見えていた。

Nig s'était traîné jusqu'ici, mais il était mort avant d'avoir pu
obtenir de l'aide.

ニグさんはそこまで這って来たが、助けが来る前に亡く
なった。

Une centaine de mètres plus loin, Buck trouva un autre
chien de traîneau.

さらに100ヤードほど進むと、バックはもう一匹のそり
犬を見つけた。

C'était un chien que Thornton avait racheté à Dawson City.

それはソーントンがドーソン・シティで買った犬だった
。

Le chien était en proie à une lutte à mort, se débattant violemment sur le sentier.

犬は道の上で激しく暴れながら、必死にもがいていた。

Buck le contourna sans s'arrêter, les yeux fixés devant lui.

バックは立ち止まることなく、前を見つめながら彼の周りを通り過ぎた。

Du côté du camp venait un chant lointain et rythmé.

キャンプの方向から遠くからリズミカルな詠唱が聞こえてきた。

Les voix s'élevaient et retombaient sur un ton étrange, inquiétant et chantant.

声は奇妙で不気味な、歌うような調子で上がったり下がったりした。

Buck rampa jusqu'au bord de la clairière en silence.

バックは黙って空き地の端まで這っていった。

Là, il vit Hans étendu face contre terre, percé de nombreuses flèches.

そこで彼は、ハンスが多数の矢に刺されてうつ伏せになっているのを見ました。

Son corps ressemblait à celui d'un porc-épic, hérissé de plumes.

彼の体は、羽毛のついた毛が密生したヤマアラシのようだった。

Au même moment, Buck regarda vers le pavillon en ruine.

同時に、バックは廃墟となったロッジの方へ目を向けた。

Cette vue lui fit dresser les cheveux sur la nuque et les épaules.

その光景を見て、彼の首と肩の毛が逆立った。

Une tempête de rage sauvage parcourut tout le corps de Buck.

激しい怒りの嵐がバックの全身を襲った。

Il grogna à haute voix, même s'il ne savait pas qu'il l'avait fait.

彼は大声でうなったが、自分がそうしていたことには気づいていなかった。

Le son était brut, rempli d'une fureur terrifiante et sauvage.

その音は生々しく、恐ろしく野蛮な怒りに満ちていた。

Pour la dernière fois de sa vie, Buck a perdu la raison au profit de l'émotion.

バックは生涯で最後に、感情に理性を失った。

C'est l'amour pour John Thornton qui a brisé son contrôle minutieux.

彼の慎重な制御を破ったのは、ジョン・ソーントンへの愛だった。

Les Yeehats dansaient autour de la hutte en épicéa détruite.

イェーハット族は破壊されたトウヒ材のロッジの周りで踊っていました。

Puis un rugissement retentit et une bête inconnue chargea vers eux.

すると、轟音が響き、正体不明の獣が彼らに向かって突進してきた。

C'était Buck ; une fureur en mouvement ; une tempête vivante de vengeance.

それはバックだった。動き出した激怒、生きた復讐の嵐だった。

Il se jeta au milieu d'eux, fou du besoin de tuer.

彼は殺人への欲求に狂い、彼らの真ん中に飛び込んだ。

Il sauta sur le premier homme, le chef Yeehat, et frappa juste.

彼は最初の男、イーハット族の族長に飛びかかり、真正面から攻撃した。

Sa gorge fut déchirée et du sang jaillit à flots.

彼の喉は裂け、血が流れ出た。

Buck ne s'arrêta pas, mais déchira la gorge de l'homme suivant d'un seul bond.

バックは止まらず、一跳びで次の男の喉を引き裂いた。

Il était inarrêtable : il déchirait, taillait, ne s'arrêtait jamais pour se reposer.

彼は止められない存在だった。引き裂き、斬りつけ、決して休む暇もなかった。

Il s'élança et bondit si vite que leurs flèches ne purent
l'atteindre.
彼は非常に速く突進し、跳躍したので、矢は彼に届かな
かった。
Les Yeehats étaient pris dans leur propre panique et
confusion.
イェーハット族はパニックと混乱に陥っていた。
Leurs flèches manquèrent Buck et se frappèrent l'une l'autre
à la place.
彼らの矢はバックを外れ、代わりに互いの矢に当たった
。
Un jeune homme a lancé une lance sur Buck et a touché un
autre homme.
一人の若者がバックに槍を投げ、別の男を襲った。
La lance lui transperça la poitrine, la pointe lui transperçant
le dos.
槍は彼の胸を貫き、槍の先端は彼の背中を突き破った。
La terreur s'empara des Yeehats et ils se mirent en retraite.
恐怖がイーハット族を襲い、彼らは全面撤退を余儀なく
された。
Ils crièrent à l'Esprit Maléfique et s'enfuirent dans les
ombres de la forêt.
彼らは悪霊に叫びながら森の影の中へ逃げました。
Vraiment, Buck était comme un démon alors qu'il
poursuivait les Yeehats.
本当に、バックはイーハットを追いかけるとき、まるで
悪魔のようでした。
Il les poursuivit à travers la forêt, les faisant tomber comme
des cerfs.
彼は森の中を彼らを追いかけ、鹿のように倒した。
Ce fut un jour de destin et de terreur pour les Yeehats
effrayés.
怯えたイーハッツにとって、それは運命と恐怖の日とな
った。
Ils se dispersèrent à travers le pays, fuyant au loin dans
toutes les directions.

彼らは国中に散らばり、四方八方遠くまで逃げていった
。

Une semaine entière s'est écoulée avant que les derniers
survivants ne se retrouvent dans une vallée.
最後の生存者が谷間で出会うまでに丸一週間が経過した
。

Ce n'est qu'alors qu'ils ont compté leurs pertes et parlé de ce
qui s'était passé.
そのとき初めて、彼らは損失を計算し、何が起こったか
を語りました。

Buck, après s'être lassé de la chasse, retourna au camp en
ruine.
バックは追跡に疲れて、破壊されたキャンプに戻った。

Il a trouvé Pete, toujours dans ses couvertures, tué lors de la
première attaque.
彼は、最初の攻撃で殺されたピートがまだ毛布にくるま
っていたのを発見した。

Les signes du dernier combat de Thornton étaient marqués
dans la terre à proximité.
近くの土にはソーントンの最後の闘いの跡が残っていた
。

Buck a suivi chaque trace, reniflant chaque marque jusqu'à
un point final.
バックはあらゆる痕跡をたどり、それぞれの痕跡を嗅ぎ
ながら最終地点に到達した。

Au bord d'un bassin profond, il trouva le fidèle Skeet,
allongé immobile.
深い池の端で、彼は忠実なスキートがじっと横たわって
いるのを見つけた。

La tête et les pattes avant de Skeet étaient dans l'eau,
immobiles dans la mort.
スキートの頭と前足は水中にあり、死んで動かなかった
。

La piscine était boueuse et contaminée par les eaux de
ruissellement provenant des écluses.

プールは水門からの流出水で泥だらけになって汚れていた。

Sa surface nuageuse cachait ce qui se trouvait en dessous, mais Buck connaissait la vérité.

曇った表面の下に何があるのかは隠されていたが、バックは真実を知っていた。

Il a suivi l'odeur de Thornton dans la piscine, mais l'odeur ne menait nulle part ailleurs.

彼はソーントンの匂いをプールまで追跡したが、その匂いはどこにも通じていなかった。

Aucune odeur ne menait à l'extérieur, seulement le silence des eaux profondes.

外に通じる匂いはなく、ただ深い水の静寂だけが残っていた。

Toute la journée, Buck resta près de la piscine, arpentant le camp avec chagrin.

バックは一日中池の近くにいて、悲しみに暮れながらキャンプ場を歩き回っていた。

Il errait sans cesse ou restait assis, immobile, perdu dans ses pensées.

彼は落ち着きなく歩き回ったり、じっと座って深い考えにふけったりしていた。

Il connaissait la mort, la fin de la vie, la disparition de tout mouvement.

彼は死を知っていた。人生の終わりを知っていた。すべての動きが消え去ることも知っていた。

Il comprit que John Thornton était parti et ne reviendrait jamais.

彼はジョン・ソーントンはもう戻ってこないことを理解した。

La perte a laissé en lui un vide qui palpitait comme la faim.

その喪失は彼の中に飢えのように脈打つ空虚感を残した。

Mais c'était une faim que la nourriture ne pouvait apaiser, peu importe la quantité qu'il mangeait.

しかし、これは、どれだけ食べても和らぐことのない空腹感でした。

Parfois, alors qu'il regardait les Yeehats morts, la douleur s'estompait.

時折、死んだイーハットたちを見ていると、痛みは消えていった。

Et puis une étrange fierté monta en lui, féroce et complète.

そして、彼の中に、激しく、完全な奇妙な誇りが湧き上がった。

Il avait tué l'homme, le gibier le plus élevé et le plus dangereux de tous.

彼は人間を殺した。それはあらゆるゲームの中で最も高尚で危険な行為だった。

Il avait tué au mépris de l'ancienne loi du gourdin et des crocs.

彼は棍棒と牙を使った古代の法に反して殺人を犯した。

Buck renifla leurs corps sans vie, curieux et pensif.

バックは好奇心と思慮深さをもって、彼らの死んだ体を嗅ぎました。

Ils étaient morts si facilement, bien plus facilement qu'un husky dans un combat.

彼らはとても簡単に死んだ。喧嘩中のハスキー犬よりもずっと簡単に。

Sans leurs armes, ils n'avaient aucune véritable force ni menace.

武器がなければ、彼らには真の力も脅威もなかった。

Buck n'aurait plus jamais peur d'eux, à moins qu'ils ne soient armés.

彼らが武装していない限り、バックは彼らを二度と恐れるつもりはなかった。

Ce n'est que lorsqu'ils portaient des gourdins, des lances ou des flèches qu'il se méfiait.

彼らが棍棒、槍、または矢を持っているときだけ、彼は警戒した。

La nuit tomba et une pleine lune se leva au-dessus de la cime des arbres.

夜が来て、満月が木々の梢の上に高く昇りました。

La pâle lumière de la lune baignait la terre d'une douce lueur fantomatique, comme le jour.

月の淡い光が、昼間のように柔らかく幽霊のような輝きで大地を照らしていた。

Alors que la nuit s'approfondissait, Buck pleurait toujours au bord de la piscine silencieuse.

夜が更けるにつれ、バックは静かな池のそばでまだ悲しみに暮れていた。

Puis il prit conscience d'un autre mouvement dans la forêt.

そのとき、彼は森の中で何かが異様に動いていることに気づいた。

L'agitation ne venait pas des Yeehats, mais de quelque chose de plus ancien et de plus profond.

その動揺はイーハット族からではなく、もっと古くてもっと深いところから来たものだった。

Il se leva, les oreilles dressées, le nez testant la brise avec précaution.

彼は立ち上がり、耳を上げ、鼻で風を注意深く確かめた。

De loin, un cri faible et aigu perça le silence.

遠くからかすかに鋭い叫び声が聞こえ、静寂を破った。

Puis un chœur de cris similaires suivit de près le premier.

それから、最初の叫び声のすぐ後に、同じような叫び声が次々と続いた。

Le bruit se rapprochait, devenant plus fort à chaque instant qui passait.

その音は刻一刻と大きくなり、近づいてきた。

Buck connaissait ce cri : il venait de cet autre monde dans sa mémoire.

バックはこの叫びを知っていた——それは彼の記憶の中の別の世界から来たものだった。

Il se dirigea vers le centre de l'espace ouvert et écouta attentivement.

彼は広場の中央まで歩いていき、耳を澄ませた。

L'appel retentit, multiple et plus puissant que jamais.

その呼びかけは多くの人に届き、これまで以上に力強く響き渡りました。

Et maintenant, plus que jamais, Buck était prêt à répondre à son appel.

そして今、これまで以上に、バックは彼の呼びかけに応える準備ができていた。

John Thornton était mort et il ne lui restait plus aucun lien avec l'homme.

ジョン・ソーントンは亡くなり、彼の中には人間との絆は残っていなかった。

L'homme et toutes ses prétentions avaient disparu : il était enfin libre.

人間とすべての人間の権利は消え去り、ついに彼は自由になった。

La meute de loups chassait de la viande comme les Yeehats l'avaient fait autrefois.

オオカミの群れは、かつてイーハット族がやっていたように肉を追い求めていた。

Ils avaient suivi les orignaux depuis les terres boisées.

彼らは森林地帯からヘラジカを追って降りてきた。

Maintenant, sauvages et affamés de proies, ils traversèrent sa vallée.

今、彼らは野生化し、獲物に飢え、彼の谷へと侵入した。

Ils arrivèrent dans la clairière éclairée par la lune, coulant comme de l'eau argentée.

彼らは、銀色の水のように流れながら、月明かりに照らされた空き地に入ってきた。

Buck se tenait immobile au centre, les attendant.

バックは中央でじっと立ち、動かずに彼らを待っていた。

Sa présence calme et imposante a stupéfié la meute et l'a plongée dans un bref silence.

彼の穏やかで大きな存在感は、群衆を驚かせ、しばしの沈黙をもたらした。

Alors le loup le plus audacieux sauta droit sur lui sans hésitation.

すると、最も大胆なオオカミがためらうことなくまっすぐに彼に飛びかかりました。

Buck frappa vite et brisa le cou du loup d'un seul coup.

バックは素早く攻撃し、一撃でオオカミの首を折った。

Il resta immobile à nouveau tandis que le loup mourant se tordait derrière lui.

死にゆく狼が背後で身をよじる中、彼は再び動かずに立っていた。

Trois autres loups ont attaqué rapidement, l'un après l'autre.

さらに3匹のオオカミが次々に素早く攻撃してきました。

Chacun d'eux s'est retiré en sang, la gorge ou les épaules tranchées.

喉や肩を切り裂かれ、血を流しながら退却した。

Cela a suffi à déclencher une charge sauvage de toute la meute.

それは群れ全体を狂暴に突撃させるには十分だった。

Ils se précipitèrent ensemble, trop impatients et trop nombreux pour bien frapper.

彼らは一斉に突進したが、あまりに熱心で密集していたため、うまく攻撃することができなかった。

La vitesse et l'habileté de Buck lui ont permis de rester en tête de l'attaque.

バックのスピードと技術により、彼は攻撃を先取りすることができた。

Il tournait sur ses pattes arrière, claquant et frappant dans toutes les directions.

彼は後ろ足で回転し、あらゆる方向に音を立てて攻撃した。

Pour les loups, cela donnait l'impression que sa défense ne s'était jamais ouverte ou n'avait jamais faibli.

オオカミたちにとって、彼の守備は決して開いたり、弱まったりしなかったように思えた。

Il s'est retourné et a frappé si vite qu'ils ne pouvaient pas passer derrière lui.

彼は向きを変えて素早く斬りつけたので、敵は彼の背後に回り込むことができなかった。

Néanmoins, leur nombre l'obligea à céder du terrain et à reculer.

それにもかかわらず、敵の数の多さから、彼は屈服し、後退せざるを得なかった。

Il passa devant la piscine et descendit dans le lit rocheux du ruisseau.

彼は池を通り過ぎ、岩だらけの川底へと降りていった。

Là, il se heurta à un talus abrupt de gravier et de terre.

そこで彼は砂利と土の急な土手にぶつかった。

Il s'est retrouvé coincé dans un coin coupé lors des fouilles des mineurs.

彼は、鉱夫たちが昔採掘していたときに切り開かれた角に滑り込んだ。

Désormais protégé sur trois côtés, Buck ne faisait face qu'au loup de devant.

今、バックは三方から守られ、前にいるオオカミとだけ対峙していた。

Là, il se tenait à distance, prêt pour la prochaine vague d'assaut.

そこで彼は、次の攻撃の波に備えて、立ち止まっていた。

Buck a tenu bon si farouchement que les loups ont reculé.

バックは猛烈に抵抗したので、オオカミたちは後ずさりした。

Au bout d'une demi-heure, ils étaient épuisés et visiblement vaincus.

30 分後、彼らは疲れ果て、明らかに敗北していた。

Leurs langues pendaient, leurs crocs blancs brillaient au clair de lune.

彼らの舌は突き出ており、白い牙は月の光に輝いていた
。

Certains loups se sont couchés, la tête levée, les oreilles
dressées vers Buck.

何匹かのオオカミが頭を上げ、耳をバックのほうに向け
て横たわっていた。

D'autres restaient immobiles, vigilants et observant chacun
de ses mouvements.

他の人たちはじっと立って、警戒しながら彼の一挙手一
投足を見守っていた。

Quelques-uns se sont dirigés vers la piscine et ont bu de
l'eau froide.

数人がプールまで歩いて行き、冷たい水を飲みました。

Puis un loup gris, long et maigre, s'avança doucement.

すると、一匹の細長い灰色のオオカミが、静かに前に進
み出てきました。

Buck le reconnut : c'était le frère sauvage de tout à l'heure.

バックは彼に気づいた──それは先ほどの荒々しい兄弟
だった。

Le loup gris gémit doucement, et Buck répondit par un
gémissement.

灰色のオオカミが小さく鳴くと、バックも鳴き返した。

Ils se touchèrent le nez, tranquillement et sans menace ni
peur.

彼らは静かに、脅したり恐れたりすることなく、鼻を合
わせた。

Ensuite est arrivé un loup plus âgé, maigre et marqué par de
nombreuses batailles.

次にやってきたのは、多くの戦いでやつれ傷を負った年
老いた狼だった。

Buck commença à grogner, mais s'arrêta et renifla le nez du
vieux loup.

バックはうなり声を上げ始めたが、立ち止まって老いた
オオカミの鼻を嗅いだ。

Le vieux s'assit, leva le nez et hurla à la lune.

老人は座り、鼻を上げて、月に向かって吠えました。

Le reste de la meute s'assit et se joignit au long hurlement.
群れの残りも座り込み、長い遠吠えに加わった。

Et maintenant, l'appel est venu à Buck, indubitable et fort.
そして今、その呼びかけは、紛れもなく力強い声でバックに届いた。

Il s'assit, leva la tête et hurla avec les autres.
彼は座り、頭を上げて、他の者たちと一緒に遠吠えしました。

Lorsque les hurlements ont cessé, Buck est sorti de son abri rocheux.
遠吠えが止むと、バックは岩陰から出てきました。

La meute se referma autour de lui, reniflant à la fois gentiment et avec prudence.
群れは優しくも警戒しながらも彼を取り囲んだ。

Les chefs ont alors poussé un cri et se sont précipités dans la forêt.
するとリーダーたちは叫び声をあげて森の中へ駆け出して行きました。

Les autres loups suivirent, hurlant en chœur, sauvages et rapides dans la nuit.
他のオオカミたちもそれに続き、夜に激しく速く合唱して吠えた。

Buck courait avec eux, à côté de son frère sauvage, hurlant en courant.
バックは野生児の兄弟の横で彼らと一緒に走り、走りながら吠えた。

Ici, l'histoire de Buck fait bien de se terminer.
ここで、バックの物語はうまく終わりを迎えます。

Dans les années qui suivirent, les Yeehats remarquèrent d'étranges loups.
その後の数年間、イーハット家は奇妙なオオカミの存在に気づいた。

Certains avaient du brun sur la tête et le museau, du blanc sur la poitrine.
中には頭と鼻先が茶色で、胸が白いものもいた。

Mais plus encore, ils craignaient une silhouette fantomatique parmi les loups.

しかし、彼らはさらに、オオカミの中に幽霊のような人物がいることを恐れていた。

Ils parlaient à voix basse du Chien Fantôme, chef de la meute.

彼らは群れのリーダーであるゴーストドッグについてささやきながら話した。

Ce chien fantôme était plus rusé que le plus audacieux des chasseurs Yeehat.

このゴースト ドッグは、最も大胆な Yeehat ハンターよりも狡猾でした。

Le chien fantôme a volé dans les camps en plein hiver et a déchiré leurs pièges.

幽霊犬は真冬にキャンプから盗みを働き、罠を破壊した。

Le chien fantôme a tué leurs chiens et a échappé à leurs flèches sans laisser de trace.

幽霊犬は彼らの犬を殺し、跡形もなく彼らの矢から逃れました。

Même leurs guerriers les plus courageux craignaient d'affronter cet esprit sauvage.

最も勇敢な戦士たちでさえ、この荒々しい霊に立ち向かうことを恐れた。

Non, l'histoire devient encore plus sombre à mesure que les années passent dans la nature.

いいえ、荒野で年月が経つにつれ、物語はさらに暗くなっていきます。

Certains chasseurs disparaissent et ne reviennent jamais dans leurs camps éloignés.

ハンターの中には姿を消し、遠くのキャンプに二度と戻らない者もいる。

D'autres sont retrouvés la gorge arrachée, tués dans la neige.

喉を引き裂かれ、雪の中で殺害された状態で発見される者もいる。

Autour de leur corps se trouvent des traces plus grandes que celles que n'importe quel loup pourrait laisser.

彼らの体の周りには、どんなオオカミでもつけられないほど大きな足跡があります。

Chaque automne, les Yeehats suivent la piste de l'élan.

毎年秋になると、イーハット族はヘラジカの足跡をたどります。

Mais ils évitent une vallée avec la peur profondément gravée dans leur cœur.

しかし、彼らは心の奥底に恐怖を刻み込み、ある谷を避けている。

Ils disent que la vallée a été choisie par l'Esprit du Mal pour y vivre.

この谷は悪霊の住処として選ばれたと言われています。

Et quand l'histoire est racontée, certaines femmes pleurent près du feu.

そして、その物語が語られると、何人かの女性は火のそばで泣きます。

Mais en été, un visiteur vient dans cette vallée tranquille et sacrée.

しかし夏になると、その静かで神聖な谷に一人の訪問者がやって来ます。

Les Yeehats ne le connaissent pas et ne peuvent pas le comprendre.

イェハット族は彼のことを知らず、理解することもできなかった。

Le loup est un grand loup, revêtu de gloire, comme aucun autre de son espèce.

オオカミは、同種の他のどの動物とも違って、栄光に覆われた偉大な存在です。

Lui seul traverse le bois vert et entre dans la clairière de la forêt.

彼は一人で緑の木々の間を渡り、森の空き地へと入っていった。

Là, la poussière dorée des sacs en peau d'élan s'infiltre dans le sol.

そこでは、ヘラジカの皮の袋から出た金色の粉が土に染み込んでいます。

L'herbe et les vieilles feuilles ont caché le jaune du soleil.
草や古い葉が太陽からの黄色を隠しています。

Ici, le loup se tient en silence, réfléchissant et se souvenant.
ここで、オオカミは静かに立ち、考え、思い出しています。

Il hurle une fois, longuement et tristement, avant de se retourner pour partir.
彼は立ち去る前に、一度長く悲しげな遠吠えをしました。

Mais il n'est pas toujours seul au pays du froid et de la neige.
しかし、寒さと雪の国では彼はいつも一人ぼっちというわけではない。

Quand les longues nuits d'hiver descendent sur les basses vallées.
長い冬の夜が谷底に降り注ぐとき。

Quand les loups suivent le gibier à travers le clair de lune et le gel.
オオカミが月明かりと霜の中、獲物を追うとき。

Puis il court en tête du peloton, sautant haut et sauvagement.
それから彼は群れの先頭に立ち、高く激しくジャンプしながら走ります。

Sa silhouette domine les autres, sa gorge est animée par le chant.
彼の姿は他の者たちよりも高くそびえ立ち、喉には歌声が響いている。

C'est le chant du monde plus jeune, la voix de la meute.
それは若い世界の歌であり、群れの声です。

Il chante en courant, fort, libre et toujours sauvage.
彼は走りながら歌う。力強く、自由に、そして永遠に野性的。